— Justo González —

QUANDO CRISTO VIVE EM NÓS

uma peregrinação de fé

© Copyright 2016 Justo L. González
Título original *When Christ lives in us*

Tradução
Lena Aranha

Revisão
Dominique M. Bennett
Josemar S. Pinto

Capa
Maquinaria Studio

Diagramação
OM Designers Gráficos

Editor
Juan Carlos Martinez

1ª edição – Outubro de 2016

Coordenação de produção
Mauro W. Terrengui

Impressão e acabamento
Imprensa da Fé

Todos os direitos desta edição reservados para:
Editora Hagnos
Av. Jacinto Júlio, 27
04815-160 – São Paulo – SP
Tel.: (11) 5668-5668
hagnos@hagnos.com.br
www.hagnos.com.br

Dados Internacionais de Catalogação na Publicação (CIP)
Angélica Ilacqua CRB-8/7057

González, Justo L.
 Quando Cristo vive em nós : uma peregrinação de fé / Justo L. González ; tradução de Lena Aranha. – São Paulo : Hagnos, 2016.

Bibliografia
ISBN 978-85-243-0521-4
Título original: *When Christ lives in us*

1. Vida cristã 2. Discipulado (Cristianismo) 3. Vida espiritual 4. Fé 5. Vocação – Cristianismo 6. Deus I. Título II. Aranha, Lena

16-0837 CDD 248.4

Índices para catálogo sistemático:
1. Vida cristã

SUMÁRIO

Prefácio 5
Introdução 7

1. Chamado 15
2. Oração 29
3. Alimento 43
4. Cura 57
5. Comissionamento 69
6. Ensino 83
7. Testemunho 95
8. Doação 109

Inconclusão 123

PREFÁCIO

Quando a editora *United Methodist Publishing House* procurou-me para que eu escrevesse este livro, decidi fazer essa tarefa com empolgação e temor. Empolgação porque essa tarefa representava uma oportunidade para expressar de forma coerente, e na forma de livro, algumas de minhas mais profundas preocupações, com as quais estive lutando nos últimos anos, tanto em minha vida pessoal quanto na vida da igreja. Temor porque sei melhor que ninguém quanto fico aquém da presença plena de Cristo em nós, o assunto deste livro. Empolgação porque esta é uma oportunidade sem igual para chamar a mim mesmo e a toda a igreja para um discipulado mais pleno. Temor porque esta é uma tarefa que ouso empreender somente como companheiro de peregrinação de muitas outras pessoas a quem devo agora chamar para que me sigam ao longo desta jornada. Empolgação porque estaria falando a mim mesmo algumas coisas que preciso ouvir. Temor porque também estaria falando essas mesmas coisas para outras pessoas. Empolgação porque estamos lidando com coisas santas. Temor porque estamos lidando com coisas santas.

Convido, portanto, o leitor para abordar o que a palavra de Deus, não este livro, busca expressar com empolgação e temor semelhantes ao meu. Fique empolgado porque Deus está chamando você para grandes coisas. Fique também temeroso porque Deus está chamando você para grandes coisas. No entanto, acima de tudo, fique aberto para a palavra de Deus e leia este livro em oração tanto por você quanto por mim, sabendo que foi escrito em oração tanto para mim quanto para você.

Justo L. González
Princeton, Nova Jersey, 5 de junho de 1995

INTRODUÇÃO

Já estou crucificado com Cristo. Portanto, não sou mais eu quem vive, mas é Cristo quem vive em mim. Gálatas 2.19b,20a

Meus, filhos, por quem sofro de novo dores de parto, até que Cristo seja formado em vós... Gálatas 4.19

O título deste livro foi tirado das palavras do apóstolo Paulo na primeira dessas duas citações. Essas são palavras radicais, pois entendem a vida cristã não só em termos de seguir um ensinamento ético ou, até mesmo, de acreditar em certas doutrinas teológicas, mas também em termos de ter Cristo vivendo em nós. E o que torna isso ainda mais radical é que esses versículos deixam implícito que há uma correspondência entre Cristo viver em nós e o fato de sermos crucificados com Cristo — ou seja, que para o lado positivo de termos Cristo vivendo em nós há também a contraparte negativa de sermos crucificados junto com ele.

A segunda citação é intrigante, e o é por uma série de razões. Antes de qualquer coisa, é intrigante porque aqui Paulo inverte sua metáfora mais comum. À medida que lemos suas cartas, ouvimos frequentemente ele dizer que os cristãos estão (ou deveriam estar) *em Cristo*. Provavelmente, a passagem mais conhecida a esse respeito é 2Coríntios 5.17: *Portanto, se alguém está em Cristo, é nova criação; as coisas velhas já passaram, e surgiram coisas novas.* Nessa passagem, assim como em muitas outras em que Paulo fala de liberdade *em Cristo*, ou de ser vivificado *em Cristo*, ser um *em Cristo* ou, até mesmo, gloriar-se *em Cristo*, a imagem sugere que são os cristãos que estão *em Cristo* e que a vida deles deve ser modelada por Cristo.

Na passagem de Gálatas 4, em contrapartida, é Cristo que está sendo formado nos cristãos. Além do mais, nesse contexto, a imagem é aquela de um ventre em que uma criança está sendo formada. Paulo, naturalmente, não quer dizer literalmente que Cristo não está em nós até que ele seja formado, como o bebê não está no ventre da mãe até que ele seja formado. O que ele quer dizer é que Cristo, por ter vindo para a vida dos cristãos de uma forma incipiente no início, quase como uma semente, tem agora de crescer como a semente o faz e tomar forma. É possível que alguém pense aqui que a maneira como a criança é formada no ventre da mãe também modela a forma da mãe. Assim, da mesma forma que Cristo está sendo formado em nós, somos nós que estamos sendo formados por Cristo.

A dupla metáfora paulina, de estarmos *em Cristo* e de Cristo ser formado em nós, ajuda-nos a compreender como é que nossa vida deve ser modelada segundo ele — ou, em outro conjunto de metáforas, como é que temos de ser crucificados a fim de termos Cristo vivendo em nós. Em especial, isso ajuda-nos a ver o valor e o perigo do que, tradicionalmente, é chamado de "imitação de Cristo".

Os cristãos, com frequência, e em momentos distintos da história da Igreja, buscaram fundamentar sua vida na imitação de Cristo. Provavelmente, a ocorrência mais famosa desse fenômeno é a publicação do livro escrito no final da época medieval, atribuído a Thomas à Kempis, cujo título é justamente *Imitação de Cristo*. Houve, no entanto, muitos outros. Paulo chama a si mesmo de imitador de Cristo (1Co 11.1). Posteriormente, muitos mártires estavam convencidos de que, em sua morte, imitavam os sofrimentos de Cristo. (Por exemplo, no início do século 2, o bispo Inácio de Antioquia escreveu para alguns cristãos em Roma que, aparentemente, estavam tramando para livrá-lo da prisão e do martírio: "permitam que eu seja um imitador dos sofrimentos do meu Deus".) Na Idade Média, muitos argumentavam que a forma mais alta de vida cristã era a pobreza voluntária em imitação de Jesus que também fora pobre. Alguns foram tão longe nessa imitação a ponto de modelar suas vestes segundo a veste que imaginavam que Jesus teria usado. Mais recentemente, foi publicado um livro bastante lido, *Em seus passos, o que faria Jesus?*, de Charles M. Sheldon, cuja premissa básica era a de que em todas as circunstâncias da vida deveríamos perguntar: "O que Jesus faria se estivesse em meu lugar?", e direcionar nossas ações de acordo com a resposta a essa pergunta.

Há muito valor em tudo isso, mas também há alguns perigos reais. O perigo, primeiramente, é que podemos sobre-estimar nossa capacidade de ser imitadores de Cristo. Certamente, não existe melhor modelo para imitarmos; mas, quando somos medidos pelos padrões de Jesus, todos ficamos aquém dele. Imaginar algo diferente é pensar em termos muito elevados em relação a nós mesmos ou pensar muito pouco em relação a Jesus. Um perigo ainda maior é que podemos substituir o conteúdo pela forma, imitando a Cristo em uma série de coisas e, todavia, não ser realmente transformado por ele. Por fim, há a possibilidade de que, ao imitar a Cristo, possamos reduzi-lo a apenas um modelo — talvez, até mesmo, um modelo ideal — e esquecermos que ele é também o Senhor, o Salvador, a palavra encarnada de Deus.

O valor dessa imagem, por outro lado, está no fato de que é possível que a prática modele a vida e o caráter. Há momentos, por exemplo, em que fico triste sem qualquer motivo aparente. Nesses momentos, não sinto vontade de sorrir e, se dependesse de mim, preferiria muito mais ignorar todas as outras pessoas. Se nesses momentos eu me forçar a sorrir, a continuar sorrindo e a cumprimentar as pessoas como se eu estivesse realmente feliz de vê-las, muitas vezes minha atitude interna muda gradualmente e, por fim, percebo que estou sorrindo e cumprimentando as pessoas não mais porque estou me forçando a fazer isso, mas porque estou realmente gostando de agir assim. De alguma forma, por agir de forma distinta da que gostaria, passo a sentir de forma diferente em relação àquela situação. Da mesma forma, pode haver momentos em que eu não sinta vontade de agir como um cristão deveria — e, realmente, há muitos momentos assim. Se fosse agir de acordo com as vontades do meu coração, minha ação seria a mais não cristã de todas — e, muitas vezes, é isso que acontece. Todavia, também aprendi no decorrer dos anos que, se eu me forçar, até contra minhas inclinações internas, a agir como Cristo teria agido e se persistir nessa atitude, há uma boa chance de que meus sentimentos e inclinações mudem para que se ajustem a minhas ações e acabo descobrindo que ajo de acordo com um coração que está começando a ser transformado.

Se você estudou a vida de John Wesley, talvez se lembre que, em certo momento em que ele não tinha certeza se tinha encontrado a graça salvadora de Cristo, ele recebeu o conselho de que, enquanto ainda buscava, deveria continuar a pregar como se já a tivesse encontrado e que, posteriormente, após tê-la encontrado, ele deveria pregar porque a tinha encontrado. Esse conselho que pode soar estranho para nós funcionou no caso de Wesley.

Obviamente, sempre existe a possibilidade de que, por mais que me esforce para sorrir, minha expressão de alegria seja superficial. Posso chegar a determinado ponto em que sorrio o tempo todo quase automaticamente, mesmo quando meu coração berra de dor ou de ódio. Meu sorriso se torna uma fachada permanente que não permito que toque meu ser íntimo, de forma que eu não mais venha a sentir a contradição entre minha face e meu coração. Nesse caso, torno-me um hipócrita. Da mesma forma, a imitação de Cristo, algo que realmente pode nos ajudar a nos tornar mais semelhantes a Cristo, também pode se transformar em religiosidade hipócrita em que a forma é substituída pelo conteúdo e o fingimento pela verdade. Felizmente, John Wesley teve uma experiência em Aldersgate, de forma que sua vida interior e sua fé passaram a corresponder à sua pregação — e, por fim, chegou até a vivificá-la. No entanto, no caso de John Wesley havia também o perigo de que ele, por fim, ficasse satisfeito com sua pregação como se tivesse encontrado aquilo sobre o que pregava e desistisse de ansiar por aquilo que ainda não tinha. Nesse caso, em vez de um pregador fiel e poderoso, ele simplesmente teria se tornado um hipócrita a mais.

É por essas razões que, enquanto afirmamos o valor positivo de imitar a Cristo, temos de descobrir outras formas de expressar como ele modela nossa vida. E é nesse ponto que a dupla metáfora de Paulo, a de estar *em Cristo* e a de Cristo ser *formado* em nós, é particularmente valiosa. Estar em Cristo quer dizer que ele é o próprio solo em que pisamos, o ar que respiramos. Ele não é apenas alguém que vai à nossa frente dando um bom exemplo, de forma que basta andar "em seus passos". Ele certamente é isso, mas é muito mais que isso. Ele também é aquele que anda ao nosso lado, segurando nossa mão quando tropeçamos e levantando-nos quando caímos. Ele é aquele que anda atrás de nós, limpando as pegadas de nossos passos que se desviam do caminho, aguando e abençoando as sementes pobres que plantamos, arrancando as ervas daninhas que deixamos para trás. Por outro lado, ter Cristo *formado* em nós significa que ele não é meramente um apoio externo ou um modelo que imitamos, mas também uma realidade interna que está sendo formada em nós nesse processo de nos formar — mais uma vez, algo muito parecido com a criança sendo formada no ventre materno, modelando o corpo e a vida da mãe. Quando Cristo vive em nós, estamos sendo constantemente modelados e formados por sua presença e influência.

O propósito deste livro é estudar o ministério de Jesus e ver como ele nos chama a ministrar e, até mesmo, modelar nosso ministério. Todavia, não é apenas uma questão de imitar Jesus. É muito mais uma questão de sondar as profundezas do que significa estar em Cristo, de ser transformado por Cristo e de ter Cristo formado em nós e vivendo em nós.

Uma importante palavra de cautela é que esse processo é tanto individual quanto da comunidade. Ter Cristo formado em nós é um assunto muito particular que exige muitas dessas horas em que você, como Jesus nos disse para fazer, deve *entr [ar] no [t] eu quarto e, fechando a porta, or [ar] a [t] eu Pai que está em secreto* (Mt 6.6). Todos nós necessitamos dessas horas, pois, sem elas, nossa fé e nosso compromisso murcham como as flores cortadas da planta que lhes deu vida. No entanto, estar em Cristo e ter Cristo formado em nós é também um assunto da comunidade. A passagem em Gálatas em que Paulo fala sobre Cristo ser formado nos cristãos está no plural e é dirigida à igreja toda, cuja direção representa uma preocupação para Paulo. Assim, é possível dizer que o ventre em que Cristo é formado não é só o ventre particular do ser interior de cada um dos cristãos, mas também, e acima de tudo, o ventre da comunidade de fé — o corpo de Cristo. Cristo tem de ser formado não só *em mim*, mas também *em nós*; e essas duas facetas são igualmente importantes.

A ligação nessa comunidade é tão forte que Paulo, nesse versículo em especial (Gl 4.19), usa a imagem da gravidez e do nascimento ainda de outra forma: não só os gálatas têm de ter Cristo se formando neles; mas também Paulo, que está em dores de parto até que isso aconteça. Ele diz que sofre *de novo* essas dores de parto — a primeira vez, aparentemente, foi quando, por intermédio de seu ministério, eles nasceram na fé, e essa segunda vez é porque eles ainda não nasceram como cristãos plenos. Os gálatas deveriam saber que Paulo não estava apenas lhes dizendo o que fazer e em que acreditar. Ele também sofre ao ver que eles se desviam de seu verdadeiro caminho. Assim como Cristo está sendo formado nos gálatas, eles não são os únicos que estão enfrentando os difíceis ajustes da gravidez; Paulo está com eles, sofrendo com eles como se estivesse dando à luz.

Da mesma forma, assim como Cristo está sendo formado em nós, temos de nos lembrar constantemente que esse não é um empreendimento particular e que nossas falhas não são falhas particulares. Fazemos parte de um único corpo, a tal ponto que *se um membro sofre, todos os outros sofrem com ele* (1Co 12.26). Ao longo de minha vida cristã, fui reiteradas vezes apoiado e trazido de volta à obediência por muitos que sofreram as dores de parto por eu não agir como alguém em quem Cristo estava sendo formado. Sou extremamente grato a essas pessoas; e, sem elas, minha fé muito provavelmente seria abortada. Precisamos, novamente, lembrar-nos constantemente que ter Cristo formado em nós não é meramente uma questão particular, mas uma questão que afeta profundamente aqueles ao nosso redor. Todos nós estamos juntos nas dores de parto até que Cristo seja formado em nós. Quando Cristo vive em nós, ele vive em nós tanto como indivíduos — Cristo em cada um de nós — quanto como comunidade — Cristo vivendo em nossa vida em comum. Somente quando esses dois se juntam é que podemos dizer que **Cristo vive em nós**.

****

Este é um livro razoavelmente breve. No entanto, ele trata de um longo processo. Não o leia todo de uma vez. Separe tempo para meditar sobre as passagens da Bíblia que estão sendo estudadas. Separe tempo para permitir que Cristo seja formado em você. Mesmo que você leia em particular, não o leia sozinho! Este livro foi escrito para ser lido pela comunidade de fé. Portanto, se você o estudar individualmente, lembre-se de que a cada virada existe toda uma comunidade lá fora e que, para Cristo viver em nós, é preciso que você viva sua fé na comunidade. Se, por outro lado, você ler o livro em um grupo, separe um tempo para considerar individualmente alguns pensamentos que seu estudo pode ter instigado. Também, se estiver estudando este livro em grupo e, em especial, se você for o líder ou professor do grupo, talvez deseje saber que há um volume que acompanha o livro, *Quando Cristo vive em nós — Guia do líder* (disponível gratuitamente no site http://hagnos.com.br), que é designado como guia de estudo em grupo e líder de grupo.

1
CHAMADO

Andando às margens do mar da Galileia, Jesus viu dois irmãos: Simão, chamado Pedro, e seu irmão André. Eles estavam lançando as redes ao mar, pois eram pescadores. E disse-lhes: Vinde a mim, e eu vos farei pescadores de homens. Imediatamente, eles deixaram as redes e o seguiram. Passando mais adiante, viu outros dois irmãos: Tiago, filho de Zebedeu, e seu irmão, João. Ambos estavam consertando as redes. E Jesus os chamou. Imediatamente, deixando o barco e seu pai, seguiram-no. **Mateus 4.18-22**

O PODER DO CHAMADO

À medida que examinamos a vida de Jesus, vemos quanto de seu tempo foi gasto com o chamado. No exemplo que talvez seja o mais bem conhecido, ele chamou os pescadores que estavam às margens do mar da Galileia. No entanto, também chamou Mateus para abandonar seu posto na coletoria (Mt 9.9), o governador rico para abandonar sua riqueza (Lc 18.22) e um seguidor, de quem não sabemos o nome, para deixar o funeral de seu pai (Lc 9.59-60). Ele, repetidas vezes, chamou seus discípulos a fim de ensiná-los ou para enviá-los em uma missão (Mt 15.32 e Mc 6.7). Ele, até mesmo, chamou uma menina dentre os mortos (Lc 8.54) e Lázaro para sair do túmulo (Jo 12.17).

A variedade desses exemplos — e muito outros que poderiam ser citados — é uma indicação de que o "chamado" implica muito mais do que frequentemente imaginamos. No mundo moderno, passamos a subestimar o poder das palavras e dos nomes a tal ponto que parece que pensamos que eles não têm nenhuma função, exceto comunicar ideias e descrever a realidade. No entanto, na Bíblia, o poder da fala e do dar nomes é muito maior que isso. Examine, por exemplo, o capítulo 1 de Gênesis, em que Deus cria todas as coisas por intermédio da fala: *Disse Deus: haja* [...]. *E houve...* Deus chama todas as coisas do não ser, a vir a ser e, precisamente, por Deus chamá-las, elas vêm a ser!

No Novo Testamento, o quarto evangelho nos relata algo similar: *No princípio era o Verbo* [...]. *Todas as coisas foram feitas por intermédio dele, e, sem ele, nada do que foi feito existiria* (Jo 1.1,3). É possível dizer que todas as coisas, antes de vir a ser, são ditas por Deus; e que é em razão de Deus dizê-las que elas vêm a existir.

No entanto, o quarto evangelho vai um passo além. Ele nos diz que esse Verbo que era no princípio, esse mesmo Verbo, o poder criativo de Deus por intermédio de quem todas as coisas são feitas, *se fez carne e habitou entre nós, pleno de graça e de verdade; e vimos a sua glória* (Jo 1.14). Isso é o que queremos dizer quando afirmamos que Jesus é a palavra encarnada de Deus ou o "Verbo que se fez carne".

Isso quer dizer que, quando Jesus abordou os pescadores às margens do mar da Galileia, eles não estavam sendo abordados apenas por um mestre ou, até mesmo, por alguém que operava milagres. Eles estavam sendo abordados pela própria palavra por intermédio de quem todas as coisas foram feitas. E quando Jesus falou com eles e os chamou, o poder nesse chamado era o mesmo que chamou, das trevas, a luz e, do nada, todos os seres humanos. É por essa razão que ele pôde chamar a menina para sair da terra dos mortos e Lázaro para sair do túmulo: porque a voz que está chamando a menina e o homem à vida é a mesma que os chamou, em primeiro lugar, à existência.

Essa é a resposta para uma questão que me deixou perplexo quando, ainda menino, ouvi pela primeira vez essa história. Mateus não diz uma palavra a respeito de Simão, André e os outros terem encontrado Jesus antes. E a primeira vez que os encontramos no evangelho, Jesus os convida a segui-lo. E eles o seguem! (O mesmo acontece em Marcos 1.16-18. Em Lucas 5.3-5, Jesus, antes de lhes dar qualquer sinal de seu poder, fala para fazerem algo absolutamente sem sentido — lançar as redes de novo na água após eles terem passado a noite toda pescando. E eles fazem aquilo que ele lhes diz para fazer!) Isso sempre intrigou-me, entre outras coisas, porque, reiteradas vezes, alertaram-me para não seguir estranhos. E, mesmo depois de eu crescer, isso intrigava-me, pois Jesus não lhes deu nenhuma razão para que eles o seguissem ou lhe obedecessem. Ele simplesmente lhes disse para segui-lo.

A resposta, pelo menos em parte, está em quem está falando. Aquele que fala é o Verbo por intermédio de quem *todas as coisas foram feitas*. Aquele que fala é o Verbo que diz: *Haja luz*, e, repentinamente, há luz! Portanto, quando Jesus chama Simão, e André, e Tiago, e João, e a nós, ele não só está lançando um convite ou, até mesmo, uma ordem, mas também está criando uma nova realidade!

Essa, do mesmo modo, é a razão por que, ao chamar Simão e seu irmão André, Jesus tem o poder não só para persuadi-los a segui-lo, mas também para redefinir e recriar a vida deles. Até esse ponto, eles foram pescadores, buscando peixes; agora eles se tornarão pescadores de almas. O mesmo Verbo que chama o mundo, do nada, à existência, e Lázaro dentre os mortos à vida, chama Simão e André da pescaria de peixes para a pescaria de homens. Quando Deus chama, Deus cria. Quando Jesus chama esses quatro, ele também os transforma em algo que eles não eram antes. Por fim, até mesmo dirá a um deles, o volúvel e instável Simão, que deve ser chamado Pedro, porque deve se tornar uma rocha; e Pedro, a rocha, se tornou!

A maioria do tempo, quando telefono para um amigo, quero apenas matar o tempo e conversar um pouquinho. Em outros momentos, quero compartilhar alguma informação ou pedir um favor. No entanto, quando Jesus chama, tudo é bem diferente. Quando Jesus chama, as coisas acontecem! Até mais, seu chamado é também um ato de criação. Ele não só nos chama a ser algo, mas também provê o poder para ser o que somos chamados a ser.

O PREÇO DO CHAMADO

Ainda assim, isso não torna nada mais fácil para aqueles a quem ele chama. A primeira coisa que acontece no texto que estamos estudando é que esses quatro o seguem. No entanto, para segui-lo eles têm de deixar algumas coisas para trás. Os dois primeiros, Pedro e André, deixaram suas redes; e os outros dois, Tiago e João, deixaram o pai e o barco deles. Embora Jesus não lhes tenha dito para onde estava indo, fica claro que o chamado mesmo para seguir significa que ele está indo para algum lugar; e é impossível ir a algum lugar e, ao mesmo tempo, ficar no mesmo lugar. Esses quatro tomaram uma decisão, e toda decisão implica tanto um lado positivo — nesse caso, seguir Jesus — e um lado negativo — nesse caso, abandonar as redes, o barco e o pai. Eles não podem seguir Jesus e permanecer às margens do mar da Galileia. Eles não podem se tornar pescadores de almas e continuar a ser pescadores de peixes. Não que haja alguma coisa intrinsecamente ruim a respeito do mar da Galileia ou da pesca como uma profissão; mas simplesmente que, naquele momento em especial, naquelas circunstâncias, seguir Jesus exigia abandonar aquele local e aquela profissão. A fim de seguir Jesus, eles tinham de desistir de coisas que, em outras circunstâncias, seriam consideradas bastante boas e valiosas.

Um tema que aparece repetidas vezes na história da devoção cristã é o da renúncia — abrir mão de coisas e confortos a fim de se tornar um melhor seguidor de Jesus e de seu caminho. Muito da tradição monástica é construído na disciplina da renúncia, a ponto de que, por fim, esta era vista como uma virtude por si mesma. Algumas vezes, esse ideal da renúncia chegou, até mesmo, a levar à crueldade em relação a si mesmo e aos outros. Havia, por exemplo, a lenda de Santo Aleixo, um homem razoavelmente rico que, conforme se supõe, deixou a família para se tornar um pedinte e que, quando retornou para casa, estava tão transformado por seu estilo de vida que até mesmo seus parentes não o reconheceram. De acordo com a lenda, ele passou o resto de seus dias como pedinte à porta de sua própria casa, e a família só descobriu quem era o velho pedinte à porta depois que este morreu. Claramente, a lenda de Aleixo, e muitas outras como a dele, transformaram a renúncia em algo que ela não deveria ser, como se houvesse algo particularmente semelhante a Cristo na autopunição — e, no caso de Aleixo, a punição também daqueles a seu redor —, com nenhum outro propósito que a punição. Por essa razão, a própria linguagem da renúncia tornou-se impopular em muitos círculos cristãos, a ponto de dificilmente a usarmos.

Todavia, de certa forma a renúncia é o resultado necessário do chamado de Jesus. Quando Jesus chamou Pedro e os outros pescadores, eles tiveram de desistir das redes, dos barcos, da família e do estilo de vida que levavam. Havia uma tarefa a ser feita, havia um chamado ao qual deviam dar atenção, e tudo que representasse um impedimento para seguir Jesus tinha de ser deixado para trás.

Uma forma mais contemporânea de dizer isso é afirmar que aqueles a quem Jesus chama têm de estar preparados para viajar com pouca bagagem. Viajantes inexperientes, muitas vezes, levam muito mais do que realmente precisam ou, até mesmo, poderiam usar durante a viagem. Nós os vemos nos aeroportos, estações de trem e pontos turísticos com tanta bagagem, a ponto de esta se tornar um obstáculo, em vez de ser algo que os ajude e os apoie durante a viagem. Se o hotel deles estiver a apenas um quarteirão da estação de trem, ainda assim precisam pegar um táxi. Quando eles chegam a seu hotel, precisam passar horas desfazendo as malas e, de novo, passar horas fazendo as malas quando estiverem se preparando para ir embora.

Uma consequência comum de não aprender a viajar com pouca bagagem é que a viagem se torna tão inconveniente que muitos viajantes decidem que prefeririam ficar em casa. Não querem passar uma semana fazendo malas e baús e, depois, carregá-los até o outro lado do mundo. É muito mais fácil ficar em casa e ler um livro ou assistir a um vídeo sobre lugares distantes.

A razão por trás da bagagem excessiva, com muita frequência, é que esses viajantes querem viajar e ficar em casa ao mesmo tempo. Eles querem visitar novos lugares e ter novas experiências, mas também querem que as coisas sejam exatamente como são em casa. É quase como se eles sentissem a necessidade de levar consigo o máximo possível de seu ambiente costumeiro. No entanto, o resultado é que eles, precisamente porque eles levam muito de sua casa com eles, veem e experimentam menos dos lugares que visitam.

Alguns procuram hotéis que ofereçam o máximo de "conforto" possível — o que quer dizer hotéis que se pareçam o máximo possível com a casa deles.

Em alguns casos, os viajantes menos cuidadosos levam consigo coisas bastante inapropriadas para os locais para os quais estão indo. Se, por exemplo, o destino deles for uma ilha tropical, eles fazem uma mala cheia de casacos de pele simplesmente porque gostam desses casacos e não os querem deixar para trás. Ou mesmo quando vão para um lugar em que a voltagem é diferente da que eles têm em casa, levam consigo os secadores de cabelo, televisões portáteis, ferro de passar e vários outros aparelhos.

A maioria das coisas na bagagem desses viajantes não é necessariamente ruim. Ao contrário, a bagagem deles, provavelmente, contém muitas coisas que são boas e que tornam a vida mais fácil e mais agradável em casa. O problema é que o que representa uma ajuda em casa pode ser um obstáculo durante a viagem.

Essa é a razão por que Simão, André, Tiago e João têm de abandonar suas redes. As redes por si sós são boas. Elas fornecem alimento e sustento para eles e para muitas outras pessoas. No entanto, nesse caso, esses quatro não podem seguir Jesus, a menos que deixem para trás suas redes. Pois não faria o menor sentido carregar as redes com eles. Elas seriam um obstáculo constante. E elas seriam totalmente inúteis nas estradas da Galileia e da Judeia — como um caro casaco de pele em uma praia tropical. E o barco também o seria! Você consegue imaginar eles tentando carregar um barco de pesca pelas encostas da Galileia?

É disso que se trata a verdadeira renúncia. Não tem nada que ver com punirmos a nós mesmos ao nos privar desse ou daquele conforto. Não é sofrer pelo simples ato de sofrer. É viajar com pouca bagagem pelas estradas com Jesus. É deixar para trás as coisas que se tornarão um impedimento ou que seriam totalmente inapropriadas para o caminho que estamos tomando.

De novo, aquelas coisas que têm de ser deixadas para trás não são necessariamente ruins. Ao contrário, algumas delas podem ser muito boas em um ambiente apropriado para elas. Pense, por exemplo, no dr. Albert Schweitzer, um renomado organista que, a fim de ir para a África como médico missionário, teve de deixar para trás o órgão em que tocava, como também sua carreira musical. O órgão em si não era ruim. A música em si não era ruim. No entanto, o clima do local para onde se dirigia era tal que um órgão não duraria muito. Assim, a fim de seguir seu chamado como missionário, dr. Albert Schweitzer deixou sua carreira de organista para trás — da mesma forma que Simão e todos os outros abandonaram as redes, o barco e, até mesmo, a família.

Obviamente, é bem possível que alguém se chame de cristão e, até mesmo, esteja convencido de que é cristão sem que tenha renunciado a muitas coisas. Em todas as épocas, existiram muitos cristãos assim. De fato, em um momento ou outro, todos nós fomos ou ainda somos cristãos desse tipo. Desejamos passar pela porta estreita enquanto trazemos com nós todo tipo de bagagem desnecessária. Desejamos pegar a estrada estreita, mas não queremos enfrentar os solavancos que estão presentes nessa estrada. O problema é que nós, quando essa é a natureza de nossa peregrinação cristã, somos como turistas que esperam ver o mundo, mas, mesmo assim, certificam-se de que todos os lugares para onde vão sejam exatamente como sua casa. Ou, ainda pior, somos como os viajantes que se contentam em ver o mundo através do *show* de *slides* dos outros.

Bonhoeffer expressou esse assunto de maneira muito clara:

> Se for para seguirmos Jesus, temos de dar alguns passos definitivos. O primeiro passo é para romper com nosso passado. O chamado para seguir de imediato produz uma nova situação. Levi tem de abandonar sua receita na coletoria, e Pedro, suas redes. É possível que alguém tenha pensado que nada tão drástico fosse necessário nesse estágio tão inicial. Será que Jesus os iniciou em alguma nova experiência religiosa e os deixou ficar exatamente como estavam antes? O chamado para seguir implica que há apenas uma forma de acreditar em Jesus Cristo, e essa forma consiste em deixar tudo e seguir o Filho encarnado de Deus.[1]

---

[1] BONHOEFFER, Dietrich. *The cost of discipleship*, New York MacMillan, 1955, p. 54.

O PROCESSO DO CHAMADO

As palavras de Bonhoeffer foram retiradas de uma passagem em que ele está argumentando sobre a dupla proposição de que para obedecer é preciso que a pessoa creia, e de que para crer é preciso que ela obedeça. A primeira proposição, com frequência, é pregada em nossas igrejas protestantes, pois é compatível com o ensinamento fundamental do protestantismo — de que a salvação é pela fé, e não por obras. Bonhoeffer não faz nenhuma objeção a isso. No entanto, ele faz objeção à conclusão que, com frequência, se chega com base nessa premissa, ou seja, que é impossível acreditar sem obedecer ou que o relacionamento entre fé e obediência é cronológico e, portanto, só é possível obedecer depois de crer. Bonhoeffer argumenta, de forma bastante convincente, de que o oposto também é verdade: a fé exige obediência tanto quanto a obediência exige fé.

Isso soa muito abstrato, mas, na verdade, é uma consideração muito prática. Achamos, com bastante frequência, difícil acreditar, porque nossa própria desobediência fica em nosso caminho. Ademais, usamos nossa descrença genuína e sincera como uma desculpa para a desobediência que achamos bastante atrativa ou conveniente. Desde que tenhamos fé, somos exonerados, pois não há nada realmente que possamos fazer para ter mais fé. Assim, ao pôr a culpa de nosso relacionamento pobre com Deus em nossa falta de fé, e não em nossa falta de obediência, colocamos, de fato, a culpa em Deus e sentimo-nos justificados para seguir em nosso caminho agradável.

Os exemplos são abundantes, até mesmo em nossa vida. Você suspeita ou, até mesmo, sabe que Deus quer que você faça alguma coisa para a qual ainda não se sente muito preparado. Talvez isso se refira a um novo chamado. Talvez seja um sacrifício financeiro. Talvez isso exija arriscar parte de sua segurança. Você diz para si mesmo: "Se eu tivesse bastante fé, faria esse sacrifício", ou: "Se eu tivesse bastante fé, desistiria de minha carreira para fazer essa outra coisa para a qual Deus está me chamando". E você continua com suas justificativas: "Não tenho a fé necessária para fazer isso. Preciso esperar até que Deus me dê fé suficiente para largar meu trabalho, iniciar essa nova carreira ou fazer esse sacrifício custoso". Naturalmente, o que acontece é que esperamos em Deus para que ele nos dê fé e, nesse ínterim, ficamos muito contentes em não fazer nada. Nessas situações, minha falta de obediência é um impedimento para a fé e não terei capacidade para verdadeiramente crer até que eu obedeça ao Senhor. Em minha própria experiência, minhas maiores deficiências não foram em relação à fé, mas em relação à obediência; e eu já vi a minha fé enfraquecer e diminuir por causa de minha desobediência.

Examine novamente o chamado de Simão e dos outros pescadores. Jesus lhes diz que o sigam. Eles, porque têm fé nele, obedecem. No entanto, caso decidissem não obedecer, isso faria que a fé deles fosse prejudicada. Obedeceram porque acreditaram; mas também é verdade que acreditaram porque obedeceram. As duas — fé e obediência — andam juntas, e uma não pode existir sem a outra.

Esse é o ponto que a epístola de Tiago reforça: *Assim também a fé por si mesma é morta, se não tiver obras. Mas alguém dirá: Tu tens fé, e eu tenho obras; mostra-me a tua fé sem obras, e eu te mostrarei minha fé por meio de minhas obras* (Tg 2.17,18).

Assim, erraríamos se pensássemos que é necessário haver uma sequência cronológica de forma que a crença vem primeiro e, depois, a obediência. De novo, porque isso é a crença no Verbo que criou todas as coisas, é a crença que, por sua própria natureza, produz a ação. Quando Cristo se forma em nós, ele é formado no coração tanto quanto na mente; nas atitudes, como também nas ideias; nas ações, como também na crença.

Por outro lado, há, pelo menos, duas coisas que precisamos dizer sobre o processo do chamado de Deus.

A primeira é que o chamado nem sempre vem a nós quando estamos sozinhos. Na passagem que estamos estudando, Jesus chamou Simão e André juntos e, depois, também chamou João e Tiago juntos. Jesus chama não só indivíduos, mas também grupos de pessoas, casais, igrejas. E, mesmo quando o chamado se refere especificamente aos indivíduos, ele nem sempre vem diretamente a eles, mas pode também vir por intermédio da comunidade de fé. Observe, por exemplo, o trecho de Atos dos Apóstolos 13.1-3, em que o chamado de Barnabé e de Saulo vem por intermédio da comunidade de fé, que, a seguir, reconhece o chamado deles e os comissiona.

A segunda é que o chamado não vem de uma vez por todas. Uma vez que acabamos de mencionar Paulo, examine a história dele no livro de Atos dos Apóstolos. O que acontece na estrada para Damasco é algo realmente dramático; mas tudo que ele fica sabendo naquele momento é que tem de seguir até Damasco, onde lhe dirão o que fazer. Em Damasco, Ananias diz-lhe algo sobre a fé, e ele é batizado. No entanto, só muito mais tarde, quando ele está em Antioquia, é que é chamado para ser missionário. Ainda mais tarde, ele recebe o chamado para seguir para a Macedônia. E assim por diante.

Essas duas verdades são importantes para nós hoje à medida que buscamos ser obedientes a nosso chamado. A primeira significa que temos de olhar não só para nossa convicção íntima, mas também para a orientação da nossa comunidade de fé, a igreja, para que ela nos ajude a determinar para o que fomos chamados. A segunda quer dizer que o chamado não termina com a conversão nem com a escolha da carreira que seguiremos. O chamado vem a nós repetidas vezes, talvez, até mesmo, diariamente à medida que buscamos discernir e realizar a vontade de Deus para nossa vida.

A PROMESSA DO CHAMADO

Toda a ênfase na obediência pode fazer parecer que o chamado não passa de uma obrigação opressiva, algo que temos de fazer, caso contrário... Mas temos de nos lembrar que aquele que nos chama também é aquele que nos criou. Quando Jesus chama, ele não apenas exige; ele também nos dá. Ele não diz a Simão e André que eles têm de se tornar pescadores de seres humanos; ele lhes diz que ele os transformará em pescadores de homens. Mais tarde, ele não diz que Simão tem de ser forte como uma rocha; ele simplesmente lhe diz: *Tu és Pedro*; e, pelo poder do Espírito, ele o transforma naquilo que ele o chamou a ser.

Em outra passagem (Jo 15.15), Jesus diz a seus discípulos que ele os chamou de *amigos*. Essa não representa apenas uma mudança na forma de se dirigir a ele. Isso representa apenas uma mudança em como ele se dirige a seus discípulos. É uma mudança na natureza do relacionamento entre Jesus e seus discípulos. Em toda a Bíblia e em toda a história da Igreja, temos momentos em que o chamado de Deus não chama alguém para simplesmente fazer algo novo, mas também transforma essa pessoa em algo novo. Pense, por exemplo, no chamado de Abrão, um chamado que, por fim, transforma-o em Abraão, o pai de muitas nações. Ou pense a respeito do chamado de Moisés junto à sarça ardente que o torna o libertador de toda uma nação. No Novo Testamento e, posteriormente, na história da Igreja, é enorme o número desses que foram transformados. Na realidade, o número de pessoas que foram transformadas pelo chamado de Deus é exatamente o mesmo número daqueles que atenderam a esse chamado, pois é impossível atender ao chamado sem ser transformado por ele.

Ser chamado por Jesus não é um fardo, mas uma promessa; não é uma obrigação, mas um dom. Não é só um desafio, mas o início de uma nova realidade. O chamado é um meio por intermédio do qual Jesus está sendo formado em nós, e nós, nele. Assim acontece também com a palavra eterna de Deus, pois, quando ele proferiu meu nome, chamou-me do nada para a existência. Também essa mesma palavra, o Verbo, agora encarnada em Jesus, faz Jesus nascer em mim, e eu, nele.

O PROPÓSITO DO CHAMADO

Na história do chamado de Simão e dos demais, observe também que Jesus os chama a fim de que eles também possam chamar os outros. Eles têm de seguir Jesus de forma que, por sua vez, também possam chamar outros a segui-lo. Em certo sentido, podemos dizer que Jesus sai para pescá-los para que eles, por sua vez, possam sair para pescar outros. A história que começa com o chamado de Pedro e André nos leva, por fim, a Lucas 24.48: *Vós sois testemunhas dessas coisas*. Em outras palavras, esses dois homens — como também os demais — são chamados para chamar.

Ser chamado por Jesus, necessariamente, significa chamar outros em nome dele. Os pescadores pescados tornam-se pescadores de outros. E aqueles pescados por intermédio deles, por sua vez, têm de também se tornar pescadores.

E, como aconteceu com nosso chamado, nosso chamado de outros implica duas coisas: implica, antes de qualquer coisa, convidá-los a seguir aquele a quem seguimos. Esse é o sentido óbvio do termo *chamar*. Chamamos outros, da mesma forma que Jesus chamou Simão e André, e também Tiago e João, e, do mesmo modo, lhes dizemos o que Jesus lhes disse: *Siga-o*. Naturalmente, não lhes dizemos para nos seguir, mas para seguir o Jesus a quem também seguimos. E, portanto, a multidão cresce, como aconteceu através dos séculos, com *homens de toda tribo, língua, povo e nação* (Ap 5.9).

Todavia, há uma segunda dimensão de nosso chamado dos outros. Nossas palavras não são nem de perto tão poderosas quanto a palavra de Deus, mas elas, mesmo assim, têm poder para criar e moldar a realidade. Nós, feitos à imagem divina, também temos o poder da palavra, o poder para dar nomes. Essa é a relevância da história de Gênesis quando todos os animais foram trazidos diante de Adão, e ele os nomeou. Ao nomeá-los, ele afirmou seu poder sobre eles. (Observe também que, quando a mulher é trazida diante dele, ele não lhe dá um nome. Ao contrário, ele reconhece que ela é osso de seus ossos e, portanto, compartilha seu nome com ela, embora na forma feminina. Só depois da queda, e como resultado do pecado, que ficamos sabendo que o homem chamou sua esposa de Eva!) Até mesmo hoje em dia, temos o poder de nomear e, ao nomear, o poder de definir e modelar.

Essa é razão por que em 1Pedro 3.9, há uma conexão entre bênção e chamado: *Não retribuindo mal com mal, nem ofensa com ofensa; pelo contrário, bendizei; porque para isso fostes chamados, a fim de receber bênção como herança.* A fim de entender essa passagem e a conexão entre chamado e bênção, é importante salientar que as palavras traduzidas aqui por "ofensa" e "bênção" significam literalmente "falar com maldade" e "falar com bondade" — muito semelhantes aos termos em português "bendito" e "maldito" ou aos verbos "bendizer" e "maldizer". Em outras palavras, o contraste aqui é entre falar com maldade e falar com bondade, entre proferir uma palavra de maldição sobre alguém e proferir uma palavra de bênção sobre uma pessoa.

Subestimamos, muitas vezes, o poder de nossas palavras. Não é verdade que, apesar de que "paus e pedras podem quebrar meus ossos", as palavras não podem causar dano real. Essa é uma das razões por que, quando uma criança está prestes a nascer, somos cuidadosos na decisão do nome que ela deve carregar para o resto da vida. Em meu próprio caso, meus pais me deram um nome que significa "justo", "honesto", "íntegro". O mesmo nome de meu pai e de meu avô. Certamente, não vivi à altura desse nome, mas, mesmo assim, ele modelou minha compreensão de mim mesmo e a maneira que busquei viver minha vida. Isso é tão verdadeiro que, dificilmente, posso me imaginar com outro nome; e se tivesse recebido um nome diferente, tenho certeza de que minha vida seria muito diferente — quer melhor quer pior, não sei, mas, certamente, diferente.

Por motivos similares, falamos não só da ofensa física, mas também da ofensa verbal. Um pai ou uma mãe que, constantemente, fala para uma criança que ela não é boa pode muito bem estar proferindo uma profecia que se cumpre. As palavras, com certeza, podem machucar tanto quanto um pedaço de pau ou uma pedra. E, da mesma forma que um pedaço de pau ou uma pedra pode deformar o corpo, também as palavras produzem uma alma distorcida. Há crescentes tendências nos dias de hoje do uso sem sabedoria das palavras cujo intuito é promover o ódio e o preconceito, e, depois, demonstrar surpresa quando essas palavras resultam em violência e morte.

As palavras também podem curar. Essa é a razão por que Jesus, com frequência, fazia que os milagres de cura fossem seguidos por palavras ainda mais miraculosas: *Os teus pecados estão perdoados* (Mt 9.2). Essa também é a razão por que há muito poder nas palavras: "Eu o perdoo"; "Eu te amo"; "Tudo bem"; e "Deus ama você". Essa é razão por que somos ordenados a abençoar, em vez de amaldiçoar; bendizer, em vez de maldizer.

Isso não quer dizer que temos sempre de ser "agradáveis" com todos. Jesus não o era. Quando necessário, ele estava pronto para falar palavras duras. No entanto, quando ele as proferia em amor, buscava criar uma realidade nova e melhor. Ser agradável para evitar o conflito e as dificuldades representa, na verdade, ignorar a relevância e a realidade do outro. Amar quer dizer levar a sério; e levar a sério também significa falar de forma verdadeira.

Isso quer dizer que temos de recobrar o sentido do poder das palavras. Nossa capacidade de fala faz parte de nosso ser feito à imagem daquele que disse haja luz, e houve luz. Recebemos o poder das palavras pelo poder do Verbo. Temos de usar as palavras de forma **sábia, como uma grande dádiva do doador de todas as boas dádivas.**

A primeira coisa a ser dita sobre o ministério de Jesus é que é um ministério da palavra, do Verbo. É o ministério da palavra, do Verbo, porque ele é o Verbo. Também é um ministério da palavra, porque é um ministério do chamado. Porque ele nos chamou, somos chamados a chamar outros. Chamar outras pessoas para seguir Cristo e chamá-las com novos nomes de bênçãos, ajudando a criar uma nova realidade nelas, em cada um de nós e em toda a comunidade, pois Cristo vive em nós e está sendo formado em nós.

2
ORAÇÃO

Jesus estava orando em certo lugar e, quando terminou, um de seus discípulos lhe disse: Senhor, ensina-nos a orar, como João ensinou aos discípulos dele.

Ele então lhes falou: Quando orardes, dizei:

Pai, santificado seja o teu nome; venha o teu reino; dá-nos diariamente nosso pão do dia a dia; e perdoa-nos os nossos pecados, pois também nós perdoamos a todo que nos deve; e não nos deixes entrar em tentação, mas livra-nos do mal.

Disse-lhes também: Se alguém tiver um amigo e for procurá-lo à meia-noite e lhe disser: Amigo, empresta-me três pães, pois um amigo meu chegou de viagem, e não tenho o que lhe oferecer; e se ele, de dentro, responder: Não me incomodes; a porta já está fechada, e eu e os meus filhos já nos acomodamos para dormir; não posso levantar-me para te atender; eu vos digo que, mesmo que não se levante para dar os pães por causa da amizade, ele se levantará por causa do incômodo e dará quantos pães o outro precisar.

Por isso eu vos digo: Pedi, e vos será dado; buscai, e achareis; batei, e a porta vos será aberta; pois todo o que pede, recebe; quem busca, acha; e ao que bate, a porta será aberta.

E qual pai dentre vós, se o filho lhe pedir pão, lhe dará uma pedra? Ou, se lhe pedir peixe, lhe dará uma cobra em lugar do peixe?

Ou, se pedir um ovo, lhe dará um escorpião? Se vós, sendo maus, sabeis dar boas coisas aos vossos filhos, quanto mais o Pai celestial dará o Espírito Santo aos que o pedirem.
Lucas 11.1-13

JESUS EM ORAÇÃO

Jesus orou. E encorajou seus discípulos a orar. Esse é um assunto apropriado para vir logo após nossa discussão sobre o chamado, pois, quando paramos para pensar a respeito dele, a oração é uma forma de chamado. É um meio por intermédio do qual chamamos Deus. E também é um meio por intermédio do qual Deus nos chama.

Nessa passagem, o Verbo eterno de Deus está orando a Deus. À primeira vista, podemos dizer: "Que estranho!" Contudo, quando pensamos novamente a respeito do assunto, podemos dizer: "Que maravilhoso!" Volte aos primeiros versículos do evangelho de João que já foram mencionados no capítulo 1. Ali, aprendemos que *No princípio era o Verbo* e também que *o Verbo estava com Deus, e o Verbo era Deus.* Isso quer dizer que, desde o início, e eternamente, Deus fala, Deus profere a palavra; e quem está lá para ouvi-la, a não ser Deus? Falar da palavra eterna de Deus quer dizer que a natureza de Deus é tal que há uma conversa eterna na Trindade. Não sei tudo o que isso quer dizer e, certamente, não tentarei explicá-lo. No entanto, no mínimo isso representa que o falar e o ouvir — em outras palavras, o comunicar e o amar — estão bem no cerne do coração de Deus. Dizer que há uma palavra eterna de Deus é dizer que Deus pode falar com Deus, que Deus pode ser amor e amoroso, até mesmo além da criação. E isso, por sua vez, quer dizer que a realidade suprema, além de todas as realidades transitórias, é a conversa, a comunicação e o amor.

Assim, a conversa que se iniciou antes de todas as eras continua agora na Galileia, pois Jesus está em oração, falando com Deus, ouvindo Deus. A palavra, o Verbo, que disse: *Haja luz*, é o mesmo Verbo que chamou Simão e André, e, agora, está falando com Deus.

O que é surpreendente é que Jesus vai a "certo lugar" e, aparentemente, separa determinado tempo para a oração. Podemos imaginar que, sendo ele quem é e tendo essa comunicação única com Deus, não precisava separar um tempo ou um lugar para orar. Todavia, ele fez isso. E, ao fazer isso, removeu qualquer desculpa daqueles que afirmam que não precisam orar em um lugar ou hora específicos porque, afinal, a vida espiritual deve ser algo constante e equilibrado, e nossa vida deve ser uma oração constante.

Quando paramos para pensar sobre isso, faz sentido. Se você realmente ama alguém, separa tempo para estar com essa pessoa. Isso não quer dizer que o resto do tempo você não está apaixonado ou que esqueceu a pessoa amada. Isso significa apenas que você, precisamente por causa do amor, deseja passar tempo com essa pessoa. Da mesma forma, quanto mais você ama a Deus, mais quer separar tempo para estar com ele, não por obrigação nem mesmo por um desejo de fomentar sua comunicação com Deus, mas simplesmente por amor e devoção.

ENSINA-NOS A ORAR

De qualquer modo, os discípulos veem Jesus orando e pedem a ele para que os ensine a orar. (Ou, melhor dizendo, um deles pede que ele os ensine, e ele ensina a todos eles.)

Jesus, ao responder ao pedido do discípulo, ensinou-lhes uma oração (aquela que agora chamamos de "o Pai-nosso" ou, em alguns círculos, de "a Oração do Senhor") e também lhes ensinou algumas coisas a respeito da oração. Examinemos primeiro o Pai-nosso.

O que temos aqui é a versão do Pai-nosso apresentada por Lucas — uma das duas versões que aparecem no Novo Testamento. Quando a comparamos com a versão de Mateus (Mt 6.9-13), fica claro que, embora a versão de Mateus seja um pouquinho mais longa, ela, na verdade, não acrescenta nada de novo à versão de Lucas, mas apenas expande o sentido do que é dito com menos palavras em Lucas.

Na versão de Mateus, Jesus dirige-se a Deus como *Pai nosso que estás no céu*. Isso quer dizer, em primeiro lugar, que essa é uma oração que jamais pode ser total e absolutamente individual. (O mesmo é verdade quanto à versão de Lucas.) Sempre que dizemos essas palavras, estamos nos dirigindo não apenas "ao meu Pai", mas também, e principalmente, ao *Pai nosso*. Mesmo que você esteja sozinho, está se dirigindo a Deus como parte de uma comunidade maior dos filhos de Deus. Esta pode ser a congregação com a qual você está orando. Pode ser toda a igreja. Pode, até mesmo, ser todas as criaturas de Deus, tanto as vivas quanto as inanimadas. Contudo, você jamais está sozinho, como se o resto do mundo não existisse.

Isso quer dizer que o Pai-nosso não é apenas uma petição, mas também uma intercessão, e essa oração deve servir de modelo para todas as nossas orações. Observe que, ao longo de toda a oração, nunca nos é dito para orar no singular. Não oramos: "Dá-me diariamente"; antes: *Dá-nos diariamente*. Não oramos: *Perdoa-me os meus pecados*, antes: "Perdoa-nos os nossos pecados". Quando Jesus ensinou seus discípulos a orar, ele os ensinou a orar não só por si próprios, individualmente, mas também por toda a comunidade.

Novamente, isso quer dizer que essa oração jamais pode ser feita na absoluta privacidade individual. É sempre a oração da comunidade e para a comunidade, mesmo quando você a faz na privacidade de seu quarto, em suas devoções pessoais.

Segundo, observe que aquele a quem a oração deve ser dirigida é o *Pai nosso* que também está *no céu*. Com frequência não notamos o contraste entre essas duas expressões. Dirigir-se a Deus como o *Pai nosso* quer dizer que Deus não é algum tirano distante, alguma divindade caprichosa e desconhecida a quem nós, de alguma forma, devemos aplacar. Haviam muitas religiões no século 1 cujos deuses eram precisamente assim. Eles eram distantes, caprichosos, arrogantes, exigindo que os seres humanos os aplacassem com a adoração e o sacrifício. No entanto, Jesus ensinou seus discípulos que temos de nos dirigir a Deus como o *Pai nosso*, e não como um capataz temível e tirânico, mas como um pai amado. Posteriormente, nessa mesma passagem que estamos estudando, ele explicará de forma mais plena o que isso significa. Por ora, basta enfatizar que podemos nos aproximar desse Deus como nos aproximamos de nossos pais — e, na verdade, até mais!

Todavia, temos o outro lado da moeda. Nosso Pai amado está *no céu*. Não deveríamos ler essas palavras como uma mera referência ao local, como se estivéssemos dizendo que o céu é o endereço de Deus. Ao contrário, essa é uma afirmação de sua majestade divina. O "céu" é o lugar mais elevado que conhecemos. Ele está tão acima de nós que é inacessível. Não existe nenhuma forma de fazer uma escalada até o céu. E aqueles que tentam isso são confundidos e amaldiçoados — veja a história da torre de Babel. Dizer que Deus está *no céu* é uma outra forma de dizer que a majestade de Deus está acima de nossos mais sublimes sonhos e domínios. Essa divina majestade, tanto em Mateus quanto em Lucas, é enfatizada com a frase *santificado seja o teu nome*. O nome de Deus tem de ser santificado porque ele está acima de todos os outros nomes, acima da terra e de tudo que fazemos, tão acima deles quanto o céu está acima da terra.

Portanto, a frase *Pai nosso que estás no céu* envolve um misterioso, ainda que fundamental, paradoxo: o Deus a quem podemos abordar como *Pai nosso*, e temos de fazer isso, é também o Deus a quem temos de abordar com temor e tremor, como aquele que está no céu, elevado e exaltado acima do mais distante alcance de nossa imaginação. Essas duas facetas são igualmente importantes, e cada uma delas se torna ainda mais importante por causa da outra. A beleza e a alegria de sermos capazes de nos dirigir a Deus como pai repousam precisamente no fato de que esse ser a quem nos dirigimos com tamanha confiança e familiaridade é também aquele que está acima de tudo e de todos. Por outro lado, isso não remove a percepção impressionante de que esse Pai amoroso é também o Deus altíssimo, o criador e governador de tudo e de todos, aquele que habita no mais alto céu.

A importância desse paradoxo fica mais clara à medida que examinamos a petição seguinte na oração do Pai-nosso. *Venha o teu reino.*" Essa é a oração dos cristãos há muito tempo. Todavia, é uma oração que proferimos tanto com alegria quanto com tremor. Imagine que você seja o herdeiro de um grande rei, alguém que, por alguma razão, ainda não recebeu seu devido reconhecimento. Você, como herdeiro desse rei, esperará com ânimo o dia em que ele for coroado e em que todos lhe obedecerão. Você, uma vez que o conhece como seu pai, está convencido de que ele será um bom rei e que o reino será feliz sob o comando dele. Ao mesmo tempo, entretanto, você sabe que ele é uma pessoa justa, muito acima do favoritismo estreito de dirigentes menores e que, portanto, não olhará de forma gentil para muitos dos interesses pessoais que você tem, os quais, da perspectiva do bem-estar do reino, parecem ser insignificantes e egoístas. Você, quando ouve que seu pai está prestes a subir ao trono, regozija-se; mas, quando se de lembra que nem sempre levou uma vida condizente com os elevados padrões dele e que seu reino, provavelmente, resultará em mudanças em grande parte da sua vida, você treme.

Posso pensar em um exemplo parecido, de quando ainda era um menino, fundamentado em minha experiência na escola. Minha mãe era a diretora da escola. Ela era uma mãe amorosa, a quem meu irmão e eu abordávamos abertamente a qualquer hora para tratarmos das preocupações ou das necessidades que pudéssemos ter. Na escola, entretanto, ela também enfatizava a necessidade de disciplina, ordem, profissionalismo e trabalho árduo — a tal ponto que ela transformou aquela escola em uma das melhores da região. Meu irmão e eu compreendíamos a diferença entre esses dois papéis, a ponto de nossa mãe, com frequência, enfatizar que não deveríamos, nem uma vez sequer, chamá-la de mãe na escola (tampouco de "senhora" fora da escola). Contudo, esses dois papéis estavam reunidos em uma única pessoa. Isso queria dizer que eu, quando era levado para a sala da diretora, ia com uma atitude curiosamente dúbia. Por um lado, temia mais minha mãe que qualquer outro aluno. Primeiro, ela me conhecia melhor que qualquer outra pessoa. Segundo, era certo que, independentemente da razão para minha visita, esse fato, com certeza, impactaria minha vida muito além do soar da campainha que anunciava o fim de mais um dia de escola. Terceiro, sabia que não conseguiria enganá-la com uma história tola, como, por exemplo, a de que o cachorro havia comido a minha lição de casa ou qualquer outra desculpa esfarrapada. No entanto, ao mesmo tempo, tinha um estranho sentimento de confiança. Afinal, a diretora não era uma estranha; ela era minha mãe. Eu a conhecia. Sabia que ela era justa e que ela me amava. O julgamento dela, provavelmente, seria duro, mas abaixo dessa rispidez haveria sempre um amor subjacente que nunca falharia — fato esse que tornava o julgamento de minha mãe ainda mais doloroso. Lembro-me de que sempre hesitava à porta da sala da diretora. Ela era minha mãe..., mas também a diretora!

Essa é a razão por que, através dos séculos, os cristãos têm sido ambivalentes a respeito dessa oração: *Venha o teu reino*. Você, provavelmente, já leu sobre todos os tipos de grupos que fizeram essa oração e esperaram pelo retorno rápido de Jesus. Esses grupos existem até mesmo nos dias de hoje. De certa forma, também oramos por isso quando dizemos: *Venha o teu reino*. No entanto, é também verdade que, em meio aos cristãos, sempre houve a tendência de esperar que o fim seja retardado — pelo menos, um pouquinho mais. No século 2, havia igrejas orando para que "o fim fosse retardado" a fim de que pudessem pôr sua própria casa em ordem e pregar para o maior número de pessoas possível. E até mesmo hoje em dia, enquanto oramos: *Venha o teu reino*, a maioria de nós espera que isso não aconteça de imediato.

Isso porque estamos chamando o reino do *Pai nosso*; mas esse nosso Pai é aquele que também está *no céu*. O reino de Deus, pelo qual ansiamos, é um reino de paz e justiça. Todos nós queremos isso. No entanto, também sabemos que, nesse ínterim, muitos de nós, com frequência, nos beneficiamos da injustiça deste mundo. Apenas para dar um exemplo, a maioria de nós, provavelmente, está entre os 40% dos habitantes do mundo que recebem 94,4% da renda mundial, enquanto os outros 60% recebem apenas 5,6%. Essa é certamente uma condição contrária àquela que pedimos quando oramos *Venha o teu reino*. Portanto, enquanto, certamente, ansiamos pelo dia em que Deus reinará sobre tudo e todos, também sabemos que esse dia exigirá mudanças radicais em nossa vida. Nós, como eu à porta da sala da diretora/minha mãe, ansiamos pelo reino de Deus e, todavia, não estamos certos de que realmente o queremos neste exato momento.

A oração que Jesus ensinou a seus discípulos continua com a petição que não diz respeito àquele dia em que o reino de Deus virá, mas, ao dia de hoje, o momento presente. *Dá-nos diariamente nosso pão do dia a dia*. Esse pedido fica mais claro na versão de Mateus: *O pão nosso de cada dia nos dá hoje*. Essa oração, a rigor, não é sobre a vinda do reino de Deus. É uma oração sobre hoje, sobre o pão de hoje e a possibilidade de sentirmos fome hoje.

Contudo, essa também é uma oração sobre o reino de Deus, pois a frase *o pão nosso de cada dia* quer dizer especificamente a medida correta que é necessária para a vida. Uma frase semelhante aparece em Provérbios 30.8b,9: *Não me dês nem a pobreza nem a riqueza:*

dá-me apenas o pão de cada dia; para que na fartura não te negue e diga: Quem é o SENHOR*? Ou, empobrecendo, eu não venha a furtar e profane o nome de Deus.* O reino de Deus é aquele em que todos nós deveremos ser alimentados, e cada um de nós terá a sua porção necessária e justa. Assim, quando oramos para que Deus nos dê o *pão nosso de cada dia*, estamos também pedindo que, pelo menos em relação a isso, o reino de Deus possa começar a ser manifestado e experimentado em nosso meio.

De certa forma, o mesmo é verdade em relação ao pedido para que nossos pecados sejam perdoados. Aqui, também, os discípulos têm de pedir perdão, mas também se comprometer a viver como cidadãos e súditos do reino de Deus. O reino de Deus é um reino de perdão e, nesse fundamento, pedimos tanto para sermos perdoados quanto nos comprometemos a perdoar.

A oração (pelo menos na versão de Lucas) apresenta, no final, um pedido para que não caiamos *em tentação*. Isso pode querer dizer várias coisas, mas, mais provavelmente, é uma petição para não sermos tentados nem testados — talvez, até mesmo, um reconhecimento de nossa fragilidade, que não seria capaz de suportar um teste mais rigoroso. Nesse respeito, lembre-se da resposta de Pedro, em que ele estava muito seguro de si, dizendo que jamais abandonaria Jesus, e a forma como ele descobriu que, apesar de sua resolução, era incapaz de suportar um período de "tentação". Portanto, a oração que começa com uma palavra de confiança, "Pai", acaba com o reconhecimento de que, como as crianças pequenas, aqueles que oram ainda precisam de proteção e de apoio constante do Pai e, em última instância, são incapazes de se sustentar sozinhos. Ao usar novamente a imagem de um pai e de um filho, esse último pedido é como o daquela criança que diz ao pai que não está preparada para tentar andar sozinha, pois ainda precisa segurar na mão dele para caminhar.

Por fim, observe mais uma vez que toda a oração está no plural. Não sou "eu" quem ora, mas "nós". Até mesmo quando eu oro sozinho, apresento-me diante de Deus como membro da grande família de Deus, como parte do vasto "nós" dos que podemos chamar Deus de *nosso* Pai. Mais uma vez, essa é uma oração de petição e uma oração de intercessão.

ALÉM DA FÓRMULA

Essa oração, entretanto, não foi tudo que Jesus disse em resposta ao pedido do discípulo para que ele os ensinasse a orar. Ao dar a esse discípulo, assim como aos demais, o que poderia ser compreendido como uma oração-modelo ou, até mesmo, como uma fórmula a ser repetida vez após vez, ele prosseguiu dando mais ensinamentos sobre a oração. E ele fez isso, primeiro, por meio de uma parábola e, depois, por uma série de exemplos do dia a dia.

A fim de compreender a parábola, precisamos, primeiro, observar que ela põe os discípulos em um ponto específico dessa parábola. Outras parábolas dão-nos a opção de posicionar-nos de acordo com a forma como nos vemos; por exemplo, como o filho pródigo ou como seu irmão, como o bom samaritano ou como o homem que foi roubado. Aqui, entretanto, Jesus põe seus ouvintes em um ponto específico da história. *Disse-lhes também: Se alguém tiver um amigo, e for procurá-lo à meia-noite e lhe disser: Amigo empresta-me três pães, pois um amigo meu chegou de viagem, e não tenho o que lhe oferecer.* Em outras palavras, o discípulo encontra-se entre dois amigos. Um deles é o viajante que chegou aparentemente de forma inesperada tarde da noite. O outro é um vizinho que já estava dormindo, com a porta trancada, já todos, ele e sua família, deitados. Um deles não tem pão e conta com a hospitalidade do discípulo. O outro tem pão, mas o discípulo tem de abusar de sua hospitalidade a fim de conseguir alimento para o amigo que o visita.

Em outras palavras, há uma espécie de "cadeia de amizade" entre os três personagens — A, B e C. A é o amigo visitante; C é o amigo que já está deitado; e B é o discípulo, pego entre os dois. Aparentemente, A não conhece C. De qualquer forma, é a casa de B que A visita, e, portanto, B (o discípulo, você) se vê na difícil situação de ter de achar pão para A. As leis da hospitalidade exigem que ele receba A em sua casa e o alimente. Todavia, ele não tem pão. (Isso provavelmente não representa, como imaginamos hoje em dia, apenas que o supermercado está fechado. A situação é também a de que, em meio às pessoas pobres, como a maioria dos discípulos de Jesus, uma porção extra de pão era algo difícil de conseguir. Lembre-se da petição: *Dá-nos diariamente nosso pão do dia a dia.*)

A única alternativa que lhe resta é ir até o amigo C, que já está na cama, e pedir-lhe que se levante e providencie o pão que ele precisa para alimentar o amigo A.

Essa parábola é seguida por uma série de palavras e exemplos, garantindo aos discípulos que Deus realmente responde à oração deles. Eles são encorajados a pedir, a buscar e a bater, com a garantia de que essas atividades levam ao receber, ao encontrar e ao abrir da porta. Jesus, a seguir, em dois outros exemplos, fala sobre a criança que pede a seu pai um peixe ou um ovo e que, certamente, não receberá uma cobra nem um escorpião quando fizer esse pedido. E tudo termina com a segurança final, fundamentada no título dado a Deus no início da oração do Pai-nosso: *Se vós sendo maus, sabeis dar boas coisas aos vossos filhos, quanto mais o Pai celestial dará o Espírito Santo aos que o pedirem.*

Quando lemos a parábola dos três amigos e as palavras que se seguem a ela, imediatamente depois do Pai-nosso, fica claro que essas palavras não querem dizer que Deus nos dará o que quer que seja que pedirmos, se simplesmente insistirmos em recebê-las. Na parábola dos três amigos, em que Jesus fala aos discípulos que eles são o amigo B (aquele que recebeu uma visita inesperada), fica igualmente claro que Deus é o amigo C (aquele que sai da cama porque o amigo B apresenta suas necessidades a ele). No entanto, observe que o amigo B não vai até o amigo C para pedir pão para si mesmo. Ele não pede para o amigo C sair da cama por causa de um capricho pessoal, ou seja, de que ele tem de ter pão em casa. Ele ousa ir até o amigo C, e até mesmo perturbá-lo no meio da noite, porque precisa de pão para o amigo A.

Quando você examina essa situação dessa forma, a parábola não diz, como muitas vezes pensamos, que, se quisermos muito alguma coisa e a pedirmos continuamente a Deus, o Senhor nos dará o que pedimos. Tampouco as palavras que se seguem exortam-nos a "pedir" por qualquer coisa que nos agrade com a promessa de que ela nos será dada ou a "bater" a uma porta qualquer por alguma razão com a expectativa de que ela será aberta diante de nós. A parábola, antes, encoraja-nos, como discípulos, da mesma forma que aconteceu com o "amigo" que recebeu um convidado inesperado, a pedir em favor dos outros, a bater na porta pelos outros, de forma que os outros possam ter pão e hospitalidade.

Os discípulos de hoje vivem em um mundo em que há muitos que não têm o pão do dia a dia. Devemos orar diariamente: *Dá-nos diariamente nosso pão do dia a dia.* O que a oração e a parábola querem dizer não é que Deus nos dará um carrão se pedirmos insistentemente por isso, mas que, se verdadeiramente nos levantarmos no meio da noite (ou seja, se fizermos todo o esforço possível que está ao nosso alcance), por genuína preocupação com o visitante que passa necessidade, e formos a Deus com a dor de nossa inabilidade para alimentá-lo, Deus nos dará o que pedimos.

Esse milagre é muito maior do que se recebêssemos um carrão ou um casaco de pele. Esse é o milagre de encontrar soluções e esperança para um mundo em que parece, com frequência, não haver soluções nem esperanças. Esse é o milagre de vermos o "venha o teu reino" bem diante de nossos olhos. Esse é o milagre de ser capaz de perdoar aqueles que nos devem algo (incluindo especialmente o pobre que não pode pagar), no reconhecimento de que isso não passa de uma pobre reflexão de tudo que nos foi perdoado. É exatamente por isso que oramos quando dizemos: *Pai nosso que estás no céu, santificado seja o teu nome...*

Todavia, observe, acima de tudo, o que Jesus promete a todos os que pedem (v. 13): o Espírito Santo. A maior dádiva de Deus é o Espírito Santo. E o que o Espírito faz além de nos ensinar o que fazer, o que pedir e dar-nos fé para continuar fazendo e pedindo pelas coisas que o próprio Espírito nos estimulou a fazer e pedir? Jesus não promete um jardim rosado, uma vida fácil, sucesso nem dinheiro. O que Jesus promete é a maior dádiva de Deus: o Espírito Santo, por intermédio do qual podemos nos sintonizar com os propósitos de Deus pedindo o que ele quer que peçamos, e isso, na verdade, é o que é melhor para nós.

A oração é um aspecto importante do ministério de Jesus. É também um aspecto importante de nosso ministério como discípulos de Jesus. Se você tentar ser um verdadeiro discípulo e, portanto, ser um amigo para o mundo, com frequência acabará por se encontrar em uma situação difícil. Você, como o homem que recebeu o visitante inesperado, saberá que é sua obrigação fazer algo pelos outros sem que, contudo, tenha os recursos para fazer isso. No entanto, você tem um amigo — ou melhor, um Pai — cujos recursos são muito maiores do que você imagina e que nunca dorme com a porta fechada. O que essa parábola nos diz é que você, nessas situações, pode ir até seu amigo e pedir a ele por algo, com a total garantia de que isso lhe será dado.

Há a famosa história de um carregador em uma das principais estações de trem do país. Ele recebera pouca educação formal e não tinha dinheiro. No entanto, aparentemente, ele leu essa parábola e levou-a a sério. Conta-se que ele, todas as vezes que lhe pediam para que carregasse a bagagem de alguém, orava para que tivesse a palavra certa para dizer a essa pessoa em particular. Ao longo dos anos, ele colecionou uma grande quantidade de cartas de pessoas de todos os caminhos da vida, e todas elas diziam que aquilo que ele lhes dissera se tornara um divisor de águas na vida delas ou lhes fornecera uma palavra de sabedoria ou encorajamento que elas muito precisavam. Esse homem sabia que tinha pouco para oferecer por si só — assim como o amigo pego de surpresa pelo visitante inesperado. Todavia, ele também sabia em que fonte buscar o que não tinha. Ele, graças a isso, foi capaz de fazer uma contribuição importante na vida de um vasto número de pessoas cuja vida ele tocou por um breve momento, mas tocou-a muito profundamente.

Isso faz parte do ministério ao qual Jesus chama todos os seus discípulos. É o ministério de pedir poder, não para nós mesmos, mas para que possamos fortalecer os outros. É o ministério de pedir pelo pão nosso de cada dia, não só para nós mesmos, mas para todo o mundo que passa fome. É o ministério de levar as necessidades do amigo A — um mundo necessitado de pão, justiça, paz e amor — ao grande e inigualável amigo C — o Pai nosso que está no céu!

Todavia, a oração também diz respeito a pedir por nós mesmos. Precisamos pedir por nós mesmos, porque temos de nos lembrar constantemente que, sem Deus, não podemos fazer nada. Independentemente de quão abastado você seja, tem de pedir todos os dias por seu pão diário, como um lembrete de que não deve confiar em sua riqueza. Independentemente de quão saudável ou doente você seja, precisa orar por sua saúde como um lembrete de que seu corpo e sua vida são uma dádiva de Deus e estão, no final das contas, nas mãos do Senhor. E, independentemente de quão devoto você seja, tem de pedir a maior dádiva de Deus, o Espírito Santo.

No último versículo de nosso texto, a questão de pedir o Espírito Santo leva-nos a outro aspecto da oração, muitas vezes esquecido em nosso moderno ativismo. Nós, as pessoas que vivem na modernidade, estamos tão acostumados a fazer, a estar constantemente ativos, que tendemos a reduzir até mesmo a oração a uma atividade. Achamos que estamos orando só quando falamos com Deus, quando estamos expressando nossas necessidades, nossa gratidão e nossas esperanças. No entanto, a oração é também de tal natureza que ficamos calados diante do mistério, e do poder, e da beleza de Deus, permitindo que o Senhor fale conosco. Ser um bom conversador não é apenas saber o que dizer, mas também saber quando e como ouvir. A disciplina da oração não diz respeito só a falar com Deus. Também se refere a permitir que Deus fale conosco. É, até mesmo, a disciplina de desenvolver tal comunhão com Deus que, como dois amigos ou dois amantes, sentamo-nos em silêncio juntos na companhia um do outro, alocando tempo quando uma palavra possa ser necessária, mas também desfrutando o mistério do silêncio. É permitir que o Espírito Santo de Deus venha e habite em nós para que, quando o momento de pedir chegar, saibamos o que pedir.

Por fim, lembre-se de que a oração do Pai-nosso está na forma plural. É a igreja toda que ora: *Pai nosso*. É a igreja toda que é chamada a ser o amigo B, apresentando as necessidades do mundo para o amigo C, que também é o altíssimo. É a igreja toda que tem de se engajar no ministério da oração como Jesus nos ensinou a orar, de forma que o mundo possa ter o pão do dia a dia e para que o reino de Deus possa vir a nós. Isso é o que se quer dizer por "sacerdócio de todos os cristãos". Cada um de nós e todos nós juntos temos de fazer a mesma oração, não só pelo mundo, mas também pela igreja para que esta possa ser mais fiel à sua vocação, para que ela passe a fazer a oração do Pai-nosso de forma mais verdadeira.

Nesse ínterim, há uma coisa que você e eu podemos fazer, e temos de fazer. Podemos orar conforme Jesus nos ensinou a orar. Podemos dizer Pai *nosso*, até mesmo, em nome daqueles que não oram. Podemos perdoar as dívidas. Podemos compartilhar o pão. Podemos orar vez após vez: *Venha o teu reino*, insistindo e persistindo nessa oração, porque é Cristo que vive em nós.

3
ALIMENTO

Depois disso, Jesus partiu para o outro lado do mar da Galileia, também chamado Tiberíades.
E uma grande multidão o seguia, porque vira os sinais que ele operava nos doentes.
Então Jesus subiu ao monte e sentou-se ali com seus discípulos.
A Páscoa, a festa dos judeus, estava próxima.
Levantando-se então os olhos e vendo que uma grande multidão se aproximava, Jesus disse a Filipe: Onde compraremos pão para que comam?
Ele, porém, disse isso para colocá-lo à prova, pois sabia bem o que estava para fazer.
Filipe respondeu-lhe: Duzentos denários de pão não são suficientes para que todos recebam um pouco.
Disse-lhe André, um dos discípulos, irmão de Simão Pedro:
Aqui está um rapaz que tem cinco pães de cevada e dois peixinhos; mas o que é isso para tanta gente?
E Jesus ordenou: Fazei o povo assentar-se. Havia muita grama naquele lugar. Sentaram-se os homens em número de quase cinco mil.
Jesus, então, tomou os pães e, havendo dado graças, repartiu-os à vontade entre os que estavam sentados; e fez o mesmo com os peixes.

> E quando todos ficaram satisfeitos, disse aos discípulos: Recolhei os pedaços que sobraram para que nada se perca. Eles recolheram os pedaços e encheram doze cestos com pedaços dos cinco pães de cevada que sobraram aos que haviam comido. Quando aqueles homens viram o sinal que Jesus realizara, disseram: Este é verdadeiramente o profeta que haveria de vir ao mundo.
>
> João 6.1-14

JESUS PRATICA O QUE ELE PREGA

A história é muito conhecida, particularmente por haver passagens paralelas em cada um dos outros três evangelhos. Entretanto, ao ler essa passagem imediatamente depois da que acabamos de estudar, percebemos algumas conexões interessantes que devemos salientar. Antes de mais nada, Jesus encontra-se em uma posição semelhante à do homem em sua própria parábola, alguém que, inesperadamente, tem de prover para uma visita inesperada. Nessa parábola, ele disse a seus discípulos que eles eram como um homem que, quando a visita inesperada chega, tem de recorrer a um amigo para pedir pão a fim de alimentá-lo. Aqui, ele examina o horizonte e vê muitos visitantes inesperados — cinco mil deles! Jesus, como esse homem em sua própria parábola, não tem nada com que os alimentar. Todavia, ele conhece a lei da hospitalidade: essas pessoas têm de ser alimentadas e, uma vez que elas vieram vê-lo, é responsabilidade dele alimentá-las. Isso é o que ele diz, de forma indireta, a Filipe, que é rápido em perceber a dificuldade que enfrentam: até mesmo se houvesse um lugar em que pudessem comprar alimento para tantas pessoas, seria preciso muito dinheiro para comprar o suficiente para todas elas. Portanto, não só Jesus, mas também seus discípulos, encontram-se exatamente na situação da parábola dos três amigos.

O outro elemento que, imediatamente, leva-nos a pensar sobre a passagem que estudamos no capítulo 2 é a oração que Jesus ensinou

Alimento 45

a seus discípulos. *O pão nosso de cada dia nos dá hoje.* Ao estudar essa oração, como também seu contexto, vimos que, ali, o "nosso" abrange muito mais que aquela pessoa ou duas delas que possa (m) estar orando. Ao fazer essa oração, os discípulos têm de orar não só por si mesmos, mas também por todas as outras pessoas que chamam Deus de *Pai nosso* — e, até mesmo, por aquelas cujo Pai é Deus, embora não reconheçam isso. Agora, na passagem de João, o *nosso* torna-se inesperadamente grande e concreto: cinco mil pessoas, todas elas necessitando ser alimentadas!

Jesus tinha uma saída muito fácil para esse grande problema. Ele poderia ter dito para essas cinco mil pessoas que ele viera até aquele local para oferecer ensinamento espiritual e vida eterna e que, portanto, elas, no que diz respeito às necessidades materiais que têm, deveriam prover por si mesmas. Ele poderia ter pregado um sermão comovente a respeito de a alma ser mais importante que o corpo e, portanto, elas não deveriam ficar tão preocupadas com o alimento. Ou ainda ele poderia ter enviado seus discípulos para dizer à multidão para que se afastasse dele porque ele precisava orar e não deveria ser perturbado nem interrompido. Todos os presentes teriam compreendido quaisquer dessas desculpas, pois havia naquela época, como também há hoje em dia, muitos mestres de religião que ensinam que Deus se preocupa apenas com o bem-estar espiritual das pessoas, e que as questões físicas são secundárias. Ele poderia ter apelado para as leis da pureza para ficar distante das multidões. Afinal, supunha--se que ele, por ser um bom líder religioso, deveria manter-se puro, ficando distante de toda impureza e contaminação, pois, certamente, devia haver alguém impuro em meio àquela multidão. Isso tanto seus discípulos como a multidão teriam compreendido.

No entanto, Jesus não age de acordo com nenhuma dessas possibilidades. Ao contrário, ele chama a si a responsabilidade de alimentar todas aquelas pessoas, apesar de elas terem se colocado nessa situação difícil quando decidiram vir vê-lo sem fazer qualquer provisão para a necessidade de alimentação que teriam. Ele não pega o caminho mais fácil de estabelecer uma distinção clara entre o espiritual e o material, porque isso seria uma inverdade em relação à natureza de Deus e a tudo que o Senhor havia revelado a Israel. O Deus da Bíblia é um Deus que criou "os céus e a terra" — ou seja, o material, como também o espiritual — e considerou tudo isso bom. O Deus da Bíblia é o Deus que proveu o jardim para Adão e Eva e que, quando eles tiveram de ser expulsos do jardim, proveu uma roupa de couro para proteger o corpo deles; ele é o Deus que alimentou Israel no deserto; que provê a chuva e o sol em seu devido tempo, de forma que possa haver colheitas, e a criação possa ser alimentada. Teria sido fácil para Jesus afirmar que ele era apenas um mestre de assuntos espirituais e que, portanto, não tinha nada que ver com a necessidade de alimentar a multidão faminta. Teria sido fácil, mas seria uma traição à sua missão e à sua verdade. Assim, ele dá instruções para que aquelas cinco mil pessoas se sentem — em outras palavras, ele as acolheu em seu espaço, exatamente como o homem na parábola acolhe o visitante inesperado e, só depois, sai em busca de pão para alimentá-lo.

Como cristãos, quando enfrentamos uma situação difícil como essa, somos, com frequência, tentados a dar uma "desculpa espiritual". Pense, por exemplo, sobre a forma como muitos de nós reagimos quando ficamos sabendo do problema da fome em nossas cidades e no mundo todo. Obviamente, esse é um problema tão imenso que nos sentimos arrasados — de forma muito semelhante ao estar no campo, longe de qualquer cidade e com muito pouco dinheiro e, de repente, ficarmos sabendo que cinco mil convidados inesperados acabaram de chegar para o jantar. Se examinarmos nossa despensa e geladeira, veremos alguns alimentos enlatados e congelados, mas a quantidade é ínfima, incapaz de fazer a mínima diferença na fome de tamanha multidão — e, proporcionalmente, ainda menos os cinco pães de cevada e dois peixes que aquele rapaz tinha consigo. Assim como aconteceu com Jesus naquele campo, a igreja descobre que seu prestígio como comunidade de amor e de serviço está em jogo. O que podemos fazer? Muitas vezes, o que fazemos é pegar a saída mais fácil, dando a "desculpa espiritual". Afinal, dizemos, as questões espirituais são muito mais importantes que o alimento ou o abrigo e, portanto, nossa verdadeira tarefa é pregar o evangelho, salvar almas, ao trazer as pessoas a Cristo. Sim, podemos alimentar algumas poucas pessoas, doar um pouquinho de dinheiro para os famintos como um sinal de nossa compaixão cristã; mas nossa verdadeira tarefa é espiritual, e não podemos permitir que sejamos levados a nos desviar dela por preocupações puramente materiais como a fome física.

O problema com essa desculpa é que o próprio Jesus não permitirá que escapemos impunes com ela. Em circunstâncias semelhantes, ele simplesmente alimentou as cinco mil pessoas — e o texto nem mesmo diz se ele pregou para elas. Ele fez isso por compaixão. Mas ele fez isso também porque é o Verbo por intermédio do qual todas as coisas foram criadas — a alma, a mente e o corpo; o sol, a chuva e a colheita; a mente que indaga, o espírito inquieto e, até mesmo, o estômago faminto. Ele, por ser quem é, não poderia simplesmente dar a "desculpa espiritual" e seguir adiante com seus afazeres.

E a igreja também, por ser o que ela é e seguir a quem segue, não pode dar a "desculpa espiritual" e continuar a ser fiel a seu chamado e àquele que a chama. A fome e o alimento têm de ser nossa preocupação, porque eles também são a preocupação do Senhor.

Em outros momentos, damos a "desculpa da pureza". A igreja, assim segue o argumento, é o corpo de Cristo e, portanto, deve manter-se livre de toda impureza e contaminação. É verdade que há muitas pessoas sem-teto em nossa cidade e que nós, como cristãos, devemos demonstrar compaixão por elas e fazer algo a respeito da situação difícil que elas enfrentam. No entanto, observe essas pessoas sem-teto e verá que muitas delas são alcoólatras e viciadas em drogas, que algumas são violentas e que, quando começam uma discussão, usam palavras que não se ajustam a um ouvido cristão e, até mesmo, chegam a amaldiçoar Deus. Pense nas nossas crianças. Temos de protegê-las contra essa contaminação. E pense em nossa igreja. Não podemos permitir que seja manchada por esse tipo de pessoa. Pois, naquela outra igreja em que começaram a prover abrigo para os sem-teto, os banheiros ficaram entupidos e, até mesmo, encontraram seringas e preservativos nos arbustos do estacionamento! A igreja tem de permanecer pura. Ela não pode permitir ser difamada por essas pessoas e seus costumes sujos e profanos. Sim, temos de demonstrar compaixão. No entanto, não podemos permitir que nossa compaixão nos torne impuros e indignos de nosso bom nome e prestígio social.

Jesus poderia facilmente ter dado essa desculpa, uma vez que ele vivia em uma sociedade em que as leis da pureza eram consideradas muito importantes — muito mais importantes que nos dias de hoje. Havia leis sobre o que as pessoas podiam comer, pois certos alimentos eram impuros. Havia leis que consideravam a mulher impura após o parto ou em certos períodos do mês. Havia leis que diziam que, se alguém tocasse uma pessoa impura ou algo impuro, tornava-se impuro. Na realidade, essa foi umas das razões por que muitos judeus em Jerusalém olhavam de forma desconfiada para os galileus: na Galileia, havia muitos gentios e muitas oportunidades de ser contaminado. Portanto, se Jesus tivesse alegado a "desculpa da pureza", seus discípulos teriam entendido. As cinco mil pessoas teriam entendido. Ele, facilmente, poderia ter mantido as cinco mil pessoas a distância e, ainda assim, preservar sua posição como um mestre religioso de prestígio.

No entanto, esse comportamento não corresponde a quem é Jesus. Na realidade, ele arriscou e sacrificou sua posição religiosa e sua pureza pessoal mais de uma vez a fim de alcançar aqueles a quem a sociedade considerava impuros e, até mesmo, amaldiçoados. Ele viu uma mulher cuja doença física a mantinha curvada e, embora fosse sábado, e estivesse na sinagoga, a curou (Lc 13.10-14). Ele viu a menina morta e, embora tocar o corpo de alguém morto o tornasse impuro, a pegou pela mão e ordenou que se levantasse dentre os mortos (Mc 5.35-43). Ele viu o publicano cobrando impostos e, embora os publicanos pertencessem ao grupo mais desprezado da sociedade, lhe ordenou que o seguisse (Mc 2.14). Ele fazia suas refeições com publicanos e pecadores (Mt 9.10,11). Quando uma mulher com uma hemorragia — e, portanto, supostamente impura — o tocou e foi curada, ele a elogiou pelo que ela fizera (Mt 9.20,22). Ele viu um leproso e — horror dos horrores — tocou-o a fim de curá-lo (Mt 8.2,3). Jesus, nenhuma vez sequer em seu ministério, recorreu à lei da pureza para ficar distante dos necessitados ou para não ir até eles e tocá-los, se isso fosse o que era necessário fazer.

Portanto, quando nós, como cristãos, recorrermos à "desculpa da pureza", nos descobrimos em companhias um tanto estranhas: não com Jesus que curou a mulher no sábado, mas com os fariseus que foram contra essa cura; não com Jesus que comia e bebia com os pecadores, mas com aqueles que ficavam à distância dessas refeições e, depois, faziam comentários sobre elas.

Jesus, quando alimentou aquelas cinco mil pessoas, passou no teste de sua própria parábola dos três amigos. Aquele a quem chamamos de "amigo B", normalmente, seria tentado a dizer ao visitante inesperado que não tinha nada para lhe oferecer — o que era verdade — e, então, não fazer nada mais. Os discípulos de Jesus são, constantemente, tentados dessa mesma maneira. No entanto, Jesus mostrou-lhes outro caminho — um caminho que começa com o enfrentar as necessidades do visitante inesperado e necessitado.

O POBRE INDIGNO

Há vários motivos para seguir Jesus. No capítulo 1, vimos a história de quatro pessoas que o seguiram simplesmente porque ele as chamou e porque seu chamado tinha o poder de convencê-las. Aqui vemos uma multidão enorme seguindo-o por outros motivos. *E uma grande multidão o seguia, porque vira os sinais que ele operava nos doentes.* Não fica claro se todos ali o seguiam porque queriam que ele fizesse milagres para eles, porque eram curiosos e estavam ansiosos por ver alguns outros milagres ou por algum outro motivo. O que fica claro é que todos ali, embora estivessem seguindo Jesus, não eram realmente seus seguidores. Eles não estavam ali para aprender com Jesus e, muito menos, permitir que ele os transformasse. Tampouco relata-se que eles deixaram algo a fim de seguir Jesus. Na verdade, se voltarmos, por um momento, ao assunto do chamado, Jesus não os chamara! Eles, mais provavelmente, simplesmente representavam um daqueles fenômenos, tão comuns nos dias de hoje, em que uma multidão desenvolve um interesse passageiro por algo ou alguém. Jesus e seus milagres eram a atração do momento, de forma que a multidão foi vê-lo.

Uma vez que eles não são seguidores verdadeiros de Jesus, então não estão com ele a maior parte do tempo, como os verdadeiros discípulos. Eles vêm e vão, ou aparecem onde quer que fiquem sabendo que Jesus está, esperando ver um milagre ou algum outro tipo de entretenimento.

Todos nós conhecemos esse tipo de seguidor que acompanha a multidão, mas sem nenhum compromisso. Na verdade, ao longo de toda a história da Igreja, existiram muitos seguidores de Jesus desse tipo. E houve ainda muitos outros que sentiram que era sua obrigação identificar esses cristãos mornos a fim de lhes dizer que não são cristãos verdadeiros e geralmente criticá-los pela falta de compromisso. Hoje em dia, há muitos que usam a expressão "nascer de novo" não tanto como um sinal da alegria pelo que Deus fez por eles, mas como uma forma de distingui-los dos outros que, de acordo com seu julgamento, não têm o mesmo comprometimento. Vez após vez, ouvimos, especialmente no rádio e na televisão, sermões lançando essas multidões de cristãos mornos nas trevas.

Nos versículos que estamos estudando, Jesus vê uma multidão vindo. Ele sabe por que eles estão ali. Ele não se ilude com o pensamento de que estão ali porque querem segui-lo ou seguir seu caminho. São pessoas, na maioria, que buscam emoções — na verdade, o mesmo tipo de pessoas que, mais tarde, assistem à sua crucificação como assistiriam a um espetáculo sensacional. Todos estão ali porque ouviram falar sobre os milagres de Jesus e estão curiosos. Jesus, entretanto, não lhes pergunta a razão por que estão ali nem os critica por trivializá-lo e à sua mensagem. Ao contrário, ele imediatamente percebe que ficarão famintos e que não há alimento para todos eles.

Portanto, talvez a coisa mais surpreendente sobre essa história não é apenas que Jesus alimentou as cinco mil pessoas presentes ali, mas as cinco mil pessoas que ele alimentou! Ele não perguntou se os que estavam ali eram dignos, realmente necessitados ou apenas pessoas preguiçosas que tiraram um dia de folga. Ele, simplesmente, viu todos eles vindo e sabia que sentiriam fome e teriam de ser alimentados. E ele os alimentou.

Em relação a isso, Jesus era muito diferente de muitos de seus seguidores. Muitos de nós, cristãos, ficamos tão preocupados em nos certificar que os outros são verdadeiros seguidores de Jesus que passamos mais tempo julgando os outros que lhes dando sinais do amor de Deus. Mais especificamente, quando se trata de ajudar os necessitados, a primeira pergunta que fazemos não é "Do que eles precisam?", mas "Eles são dignos?" Normalmente distinguimos entre "o pobre" em geral e "o pobre digno de ajuda". O que essa distinção representa é que há dois tipos de pessoas pobres, algumas que merecem ser pobres, e outras que não merecem essa sorte. De acordo com essa perspectiva, não merecem mais ajuda aquelas pessoas que são pobres porque não trabalham, porque, de forma reiterada, tomam decisões ruins, porque são viciadas em bebidas alcoólicas ou alguma outra droga, ou porque tiveram sua chance e não a aproveitaram.

Em contraste com elas, há outras pessoas pobres que são "dignas", e estas são as que devemos ajudar.

Há três problemas com essa perspectiva. O primeiro é o menor, mas apresenta um ponto muito revelador, de que o pobre parece se tornar digno na proporção direta de sua distância de nós e na proporção inversa do quanto podemos realmente fazer por eles. Por alguma estranha razão, os sem-teto de nossa cidade não parecem ser tão dignos quanto os sem-teto do outro lado do mundo. É quase como se a água salgada tornasse o pobre mais digno! Todavia, se pararmos para pensar a respeito do assunto, temos de reconhecer a possibilidade de que fazemos isso, embora de forma involuntária, a fim de não ter de lidar com o pobre em primeira mão — com o pobre que, como o homem da parábola, pode exigir nossa hospitalidade ou que, como a multidão formada por cinco mil pessoas, pode trazer impureza para nossa vida.

O segundo problema, e o mais importante, é que Jesus jamais fez distinção entre o pobre em geral e o pobre digno. Ele nunca perguntou aos famintos por que não estavam trabalhando. Ele contradisse aqueles que tentavam culpar o cego por sua cegueira (Jo 9.1-3). Ele apenas viu pessoas famintas e as alimentou; pessoas doentes e as curou; e pessoas perdidas e ofereceu-lhes salvação. Se ele, sendo quem é, não limitou seu amor e serviço aos "dignos", como podemos ousar fazer diferente dele?

O terceiro problema, e talvez o mais convincente, foi apresentado por São Jerônimo, um escritor cristão do século 4. O argumento de Jerônimo, apresentado resumidamente, é que, ao fazermos essa distinção, corremos sérios riscos. Suponha, apenas para melhor expor o argumento, que haja algumas pessoas que passem necessidades por sua própria culpa e que não merecem nossa ajuda e compaixão. Nesse caso, tenho duas opções: a opção A é seguir minha vida tentando ajudar apenas os que são dignos de receber minha ajuda; e a opção B é tentar ajudar o maior número possível de pessoas, sem me preocupar se elas são dignas de receber essa ajuda ou não. O problema é que, ao seguir a opção A, assumo o sério risco de recusar-me a ajudar alguém que deveria ter ajudado e, assim, ouvir Jesus dizer-me no momento do juízo final: "Tive fome e você não me alimentou". Em outras palavras, que a distinção entre o pobre digno e o indigno pode me tornar indigno!

PORTANTO, O QUE DEVEMOS FAZER?

À medida que olhamos para o mundo hoje e para nosso lugar nele, podemos facilmente nos ver em uma situação parecida com a do "amigo B" da parábola dos três amigos ou com a de Jesus quando viu a multidão se aproximando. Há tantos famintos! Tantos pobres! Tantas pessoas destruídas! Não é mais apenas uma multidão de cinco mil pessoas, mas aglomerações de milhões e muitos outros milhões nascendo depois destes, e mais outros milhões... Não é de surpreender, portanto, que nos desesperemos e nos solidarizemos com o comentário de Filipe de que nem seis meses de salário seriam suficientes para começar a alimentar essas cinco mil pessoas. Hoje, seriam necessários bilhões para alimentar os milhões de pessoas famintas! O que podemos fazer? O que temos de fazer como discípulos e seguidores de Jesus?

A primeira coisa que Jesus fez foi pedir que se sentassem. Esse foi um gesto para dar as boas-vindas, para recepcioná-los, e foi também um ato para assumir a responsabilidade. Antes de ele pedir que se sentassem, ele ainda tinha a opção de pedir que voltassem para suas casas. No entanto, assim que ele os recepciona, eles passam a ser responsabilidade dele. Da mesma forma, a primeira coisa que nós, como cristãos, temos de fazer é dar as boas-vindas aos necessitados e, ao dar as boas-vindas a eles, assumir nossa responsabilidade por eles. Não temos de enviá-los para casa dando uma das desculpas discutidas acima. A mensagem que proclamamos e o Senhor a quem seguimos não permitem que façamos isso.

O próximo passo que temos de dar é fazer um levantamento de nossos recursos. André encontrou um rapaz que tinha cinco pães de cevada e dois peixes. O que encontramos quando examinamos nossos recursos? Obviamente, temos algum dinheiro, alimento e outros recursos materiais. Também temos, em nosso meio, algumas pessoas cuja especialidade poderia aliviar a fome de várias formas — por intermédio de uma melhor administração da terra e dos recursos hídricos, melhor nutrição, melhor distribuição dos bens etc. Terceiro, como pessoas que vivem em uma democracia, temos certo poder político; e, como a democracia dos Estados Unidos é uma das mais poderosas do mundo, isso também representa um grande recurso.

Quando examinamos todos esses recursos, logo fica óbvio que o problema da fome do mundo não é realmente a falta de alimentos, mas a má distribuição e a péssima administração dos recursos. Na verdade, especialistas dizem que o mundo é capaz de alimentar muito mais que sua população atual e de fazer isso sem danificar o meio ambiente. O que temos de fazer é evitar o desperdício, o consumo excessivo, a má administração e a distribuição desigual. Conforme muitas vezes se afirma, não temos falta de recursos, mas de vontade política e moral para tornar nossos recursos disponíveis para aqueles que mais necessitam deles.

Mesmo assim, essa é uma tarefa difícil. Não tenho o poder de mudar a ordem econômica do mundo que acaba por canalizar os recursos dos países pobres do Sul para as terras ricas do Norte. Não tenho o poder para impedir que grandes lotes de terra nos países mais pobres sejam usados para o plantio de ervas para a produção de drogas e o cultivo de flores, para que ambas sejam vendidas às nações mais ricas. Não tenho o poder de ordenar que os militares de uma nação da América Central parem de desalojar os camponeses para que os ricos tomem posse de suas terras e criem gado de corte para exportação.

Quando examino a situação dessa perspectiva, fico frustrado. A resposta de Filipe, mais uma vez, torna-se meu modelo: seriam necessários recursos descomunais, os quais nem eu nem a igreja a meu redor podemos suprir.

Todavia, há outra forma de examinar a questão. Não posso ser responsável por não usar o poder que não tenho. Só posso ser responsável por aquilo que tenho. Mas por isso <u>tenho</u> de ser responsável. Pode parecer pouco, mas não posso usar a desculpa de que não é suficiente para eu ser irresponsável. Nesse ponto, começo a me sentir um pouco mais parecido com André, com uma chaminha de esperança, e, ainda assim, desnorteado com a tarefa diante de mim: *Aqui está um rapaz que tem cinco pães de cevada e dois peixinhos; mas o que é isso para tanta gente?* Tenho um pouco de tempo e dinheiro, mas o que é isso em meio a tantas pessoas? Tenho alguns relacionamentos por intermédio da igreja, e alguns deles podem ajudar a prover uma melhor agricultura e nutrição em alguns vilarejos, mas o que isso representa em relação ao mundo todo? Tenho algum poder político e, talvez, pudesse escrever algumas cartas e mudar algumas leis, mas o que isso representa em um mundo tão orientado pela ganância? Para a pergunta "O que é isso?" ou "O que isso representa", há apenas uma resposta possível: isso foi o que recebi para ficar sob minha responsabilidade. É tudo que recebi e, portanto, ou sou responsável a respeito desse pouco que tenho ou não sou responsável de forma alguma. Não posso evitar minha responsabilidade fundamentado no fato de que tenho pouco. O pouco que tenho devo usar para alimentar o faminto, vestir o desnudo, apoiar o fraco.

Em termos concretos, isso quer dizer que posso dar, estar bem informado, votar e expressar uma opinião. Tenho de doar, conforme Wesley disse acertadamente, tudo que puder. Tenho de estar bem informado, de forma que minha doação seja mais responsável e para que meu voto nas urnas e minhas opiniões sejam mais sinceros. Tenho de votar não tendo em vista o que quer que seja que possa favorecer meus interesses e minhas inclinações, mas, sim, para o que quer que seja e quem quer que seja que melhor alimentará os famintos, vestirá os desnudos e fornecerá abrigo para os sem-teto. É verdade que isso é tudo que _posso_ fazer, mas também é verdade que tudo isso é o que _tenho_ de fazer.

Na parábola dos três amigos, em Lucas 11.8, há uma palavra estranha que na Nova Tradução na Linguagem de Hoje é traduzida por "insistência" e na Nova Versão Internacional por "importunação". Esse termo também pode ser compreendido como "atrevimento" ou "ousadia". A interpretação mais comum é que o homem foi recompensado por ter batido insistentemente na porta e, portanto, precisamos orar insistentemente até recebermos alguma resposta. Isso pode muito bem ser verdade, mas há outra interpretação possível dessa palavra. O homem (aquele a quem chamamos de "amigo B") foi ousado e, até mesmo, atrevido por ter dado as boas-vindas ao visitante inesperado e que não fora convidado, embora ele soubesse que não tinha como alimentá-lo. O que ele fez que pode ser considerado como insistência não foi apenas o bater na porta de seu vizinho (na verdade, o texto diz apenas que ele bateu uma vez), mas toda a sua atitude de dar as boas-vindas ao "amigo A", levantar-se da cama por causa de seu amigo e, depois, ir até a casa do "amigo C" para pedir que lhe desse o pão que seu outro amigo necessitava.

Esse é o tipo de insistência que se exige de nós, cristãos, diante da fome no mundo. Primeiro, temos de ter a ousadia de "dar as boas-vindas" aos famintos, pedir que a multidão se sente na grama e afirmar que somos responsáveis por eles. A seguir, temos de oferecer o que temos, a cama para o visitante inesperado, alguns pães de cevada e peixinhos, o dinheiro ofertado, o voto nas urnas, a carta para o Congresso. Por fim, temos de ir ao "amigo C", ou, como Jesus, agradecer a Deus pelos pães de cevada e peixinhos e deixar que Deus faça o que ele desejar.

Podemos nos surpreender. Nossos pãezinhos podem se multiplicar. O programa da igreja contra a fome pode florescer. Nosso representante no Congresso pode, até mesmo, votar para salvar a vida de pessoas distantes que nunca terão uma chance de votar nele.

NESSE ÍNTERIM

Nesse ínterim, devemos nos lembrar que aquele que partiu o pão de cevada às margens do mar da Galileia é também o *pão da vida* (Jo 6.35). Ele, às margens do mar da Galileia, partiu os pães de cevada e os peixinhos e os ofereceu à multidão. Ele, mais tarde, já no Calvário, ofereceu a si mesmo para ser partido. Na refeição na noite em que foi traído, partiu o pão e o deu aos seus discípulos dizendo: *Isto é meu corpo dado em favor de vós; fazei isso em memória de mim* (Lc 22.19). Desde esse momento e até os dias de hoje, os seus discípulos se reúnem para partir o pão em memória dele, da sua morte e da sua ressurreição. Desde esse momento e até os dias hoje, seus discípulos ouvem o chamado para partir o pão com o mundo necessitado e, se necessário, ser partido em benefício do mundo.

Quando nos reunimos para partir o pão, como os cristãos têm feito regularmente através dos séculos, fazemos isso em memória dele, convidando-o a entrar em nossa vida e ser nosso alimento e nossa salvação.

Quando oferecemos o pão e os recursos que temos para serem partidos com o mundo necessitado, alimentando os famintos que não têm pão, fazemos isso em memória dele, proclamando seu amor e sua salvação para um mundo desesperado e perdido.

Quando oferecemos a nós mesmos para ser partidos para que outros possam ser alimentados, isso também fazemos em memória dele, orando para que em nossa doação e no alimento provido para eles, possam vir a conhecer aquele que, ao doar-se a nós, tornou-se o pão da vida.

Isso nós fizemos. Isso temos de continuar a fazer, porque Cristo vive em nós!

4
CURA

E foram para Jericó. Quando ele, seus discípulos e uma grande multidão saíam de Jericó, junto do caminho estava sentado um mendigo cego chamado Bartimeu, filho de Timeu.
Quando ele ouviu que era Jesus Nazareno, ele começou a gritar: Jesus, Filho de Davi, tem compaixão de mim!
Muitos o repreendiam para que se calasse, mas ele gritava ainda mais: Filho de Davi, tem compaixão de mim!
Jesus parou e disse: Chamai-o. Chamaram o cego, dizendo-lhe: Coragem! Levanta-te, ele está te chamando!
Lançando de si sua capa, levantou-se de um salto e dirigiu-se a Jesus.
E Jesus lhe perguntou: que queres que te faça? O cego respondeu: Mestre, que eu volte a ver.
Jesus lhe disse: Vai, a tua fé te salvou. Imediatamente ele recuperou a visão e foi seguindo Jesus pelo caminho.
Marcos 10.46-52

OS PRINCIPAIS ATORES

Aqui, mais uma vez, a história apresenta uma grande multidão. E aqui, de novo, como na história que estudamos no capítulo anterior deste livro, a multidão não está, particularmente, comprometida com Jesus. Dessa vez, no entanto, eles aparentemente seguiram-no, pelo menos, para ver o que aconteceria a seguir. Ele está saindo de Jericó a caminho de Jerusalém, que fica a apenas cerca de 25 quilômetros de distância. Embora Marcos não nos relate nada sobre isso, podemos muito bem imaginar a empolgação em meio à multidão. Jesus está se dirigindo diretamente para o centro do poder religioso, que também é a antiga capital de Davi. O que acontecerá ali? Será que ele será proclamado rei dos judeus e iniciará a restauração do trono de Davi? Será que entrará em conflito com os líderes religiosos e políticos de Jerusalém? Ele prevalecerá, ou eles é que prevalecerão? É fácil imaginar as emoções conflitantes da multidão, torcendo contra a esperança de que esse homem, realmente, venha a ser o libertador de Israel e, ao mesmo tempo, sabendo que, se ele não for, ainda terão um espetáculo digno de ser assistido.

Os discípulos também caminham em meio a essa multidão. Eles são seguidores de Jesus há muito tempo, aqueles que largaram suas redes e seus barcos e o posto na coletoria a fim de segui-lo. No entanto, também estão bastante confusos quanto ao que Jesus pretende fazer e o que isso significará para eles. Nos versículos anteriores ao dessa história no evangelho de Marcos (Mc 10.35-45), há outra história que não apresenta Tiago e João sob um bom ângulo. Eles vieram até Jesus para dizer que queriam algo dele. Jesus perguntou o que queriam, e eles pediram que Jesus, quando estivesse na glória, lhes desse as posições de honra, para que um ficasse à sua direita e o outro, à sua esquerda. Os dois não eram discípulos novatos. Eles eram Tiago e João, a quem Jesus chamou imediatamente depois de chamar Simão e André (veja o capítulo 1). Depois de seguir Jesus por tanto tempo e ouvir seus ensinamentos, eles já deveriam conhecê-lo melhor! Quando os outros discípulos ouviram isso, ficaram indignados com esses dois irmãos. Eles também deveriam saber o que era certo. Esse grande mal-entendido por parte de seus companheiros deveria ser motivo de tristeza, e não de raiva. Jesus, portanto, disse a todos eles que seus discípulos deveriam viver por uma ordem distinta da dos gentios. Ele disse: *Sabeis que os que são reconhecidos como governadores dos gentios têm domínio sobre eles, e os seus poderosos exercem autoridade sobre eles. Mas entre vós não será assim. Antes, quem entre vós quiser tornar-se grande, será esse o que vos servirá;*

e quem entre vós quiser ser o primeiro, será servo de todos (Mc 10.42-44). Alguém poderia dizer que todo esse episódio demonstra como até mesmo os discípulos eram cegos, pois, após seguirem Jesus e ouvirem seus ensinamentos por tanto tempo, ainda não pareciam ter muita ideia do que tudo aquilo significava.

Todavia, há alguém mais em meio à multidão. Ele, a rigor, não fazia parte da multidão, pois todos estavam se movendo junto com Jesus, e ele estava apenas sentado ali — sentado no mesmo lugar em que provavelmente sentara-se por anos a fio, dia após dia, pedindo esmolas. Na escala social de sua época, ele, praticamente, está no degrau mais baixo. Ele é cego. Pobre. Marcos, que raramente menciona o nome daqueles que Jesus curou, diz que esse homem é *Bartimeu, filho de Timeu*. Até mesmo seu nome é um sinal de quão baixo ele estava na escala social. Em primeiro lugar, esse não é um nome real. Observe que *filho de Timeu* é apenas uma tradução de *Bartimeu*. Em outras palavras, ele não tem um nome seu, pessoal (como, por exemplo, Simão, filho de Jonas, ou Tiago, filho de Zebedeu). Simplesmente, é-nos dito duas vezes, uma em grego e outra em aramaico, que ele era filho de Timeu. Então, para tornar tudo ainda pior, "Timeu" quer dizer impuro. É impossível afirmar se esse realmente era o nome de seu pai, ou apenas o nome que deram a ele ou a seu pai. Se esse era o nome de seu pai, deve ter havido uma história familiar de exclusão e, talvez, de doença. Se era apenas um apelido dado a ele ou a seu pai, isso representava um terrível julgamento dos outros, ou seja, de que sua cegueira e pobreza fossem, de alguma maneira, uma maldição de Deus por causa da impureza e do pecado. Ele não estava ali, como os demais, porque Jesus estava ali. Ele apenas estava sentado, muito provavelmente em seu lugar costumeiro, pedindo esmolas. Ele deve ter ficado curioso com todo aquele alvoroço e, então, perguntou a alguém o que estava acontecendo e recebeu a explicação de que Jesus Nazareno estava passando por ali. Portanto, ao perceber que sua chance estava passando por ali, começou a berrar: *Jesus, Filho de Davi, tem compaixão de mim!*

UM ESTRANHO FILHO DE DAVI

Essa é a primeira vez que alguém no evangelho de Marcos se refere a Jesus como o *Filho de Davi*. Ter um cego chamando o *Filho de*

Davi em seu caminho para Jerusalém faria, imediatamente, qualquer bom judeu pensar na história contada em 2Samuel 5, em que Davi marcha para Jerusalém para atacar os jebuseus, os moradores da cidade, mas estes lhe disseram que os cegos e os aleijados o impediriam de entrar na cidade — aparentemente querendo dizer que o exército de Davi seria uma presa fácil do exército jebuseu, bem armado e em boa forma física. No entanto, Davi não se intimidou e seguiu em frente. Ele entrou na cidade e, em aparente resposta à vanglória dos jebuseus, matou os cegos e os aleijados (2Sm 5.8).

Agora, temos outra marcha para Jerusalém. Jesus e seus companheiros estão a apenas cerca de 25 quilômetros da cidade de Davi quando alguém, pela primeira vez, chama-o de *Filho de Davi* — filho do homem que não foi detido pelos cegos e aleijados e que ordenou que eles fossem destruídos.

O paralelismo é óbvio. Todavia, o contraste também o é. Jesus, o Filho daquele Davi cuja marcha para Jerusalém nem os cegos nem os jebuseus puderam impedir, se detém para falar com esse homem cego. Marcos deixa claro o contraste ao afirmar o óbvio: que Jesus, a fim de falar com o cego, teve de parar. *Jesus parou e disse...*

Um famoso pregador estava muito correto quando afirmou: "Jesus nunca curou ninguém com pressa. 'Parar' é uma parte necessária de qualquer ministério genuíno para a vida".[1] Assim, enquanto o primeiro Davi não parou por nada nem por ninguém, esse Filho de Davi estava bastante disposto a parar em função de um cego, alguém que, do ponto de vista daqueles à sua volta, era menos que um joão-ninguém. Ao fazer isso, ele seguiu o ensinamento que ele mesmo ensinara com a parábola do bom samaritano, que parou — por acaso, ao longo da mesma estrada entre Jerusalém e Jericó — para ajudar aquele homem necessitado, enquanto os outros prosseguiram com seus próprios afazeres, sem parar para ajudá-lo. Para citar novamente o mesmo pregador, "esse homem, comparado com o panorama de eventos que estavam prestes a se desenrolar em Jerusalém, era nada. Nada, exceto uma pessoa e uma necessidade. Nada, exceto uma obra de amor e misericórdia a ser realizada. E ele a realizou".[2]

---

[1] Luccock, Halford E. Mark, em *The Interpreter's Bible*, vol. 7. New York e Nashville, Cokesbury, 1951, p. 821.
[2] Ibid., p. 822.

Se fosse o primeiro Davi, inclinado às conquistas militares, ele não teria parado. Tampouco, ele gostaria de ser associado a um cego a quem os outros chamavam de "filho do impuro". Todavia, esse Filho de Davi ocupa-se com a tarefa de estabelecer um outro tipo de reino e de estabelecê-lo por meios distintos. Assim, ele para.

A cura começa com o parar. Parar para ouvir os gritos daqueles que têm necessidade de ser curados. Parar para ir além do entusiasmo da multidão ou da corrente que nos impulsionaria a seguir em frente. Podemos até imaginar quantas pessoas pararam por um instante para jogar uma moeda na caneca em que Bartimeu recolhia suas esmolas. No entanto, isso não representa parar de verdade. Parar é pôr de lado o plano que fizemos, os objetivos que estabelecemos, a fim de suprir a necessidade com a qual, de forma inesperada, deparamo-nos. Algumas vezes, o maior problema que enfrentamos, à medida que tentamos ser uma influência passível de trazer cura, diz respeito aos nossos planos — nossos bons planos, até mesmo nosso plano para curar — que nos impedem de parar. Eles nos impulsionam para a frente, porque já estabelecemos nosso objetivo e temos de alcançá-lo. Jesus tinha em mente seguir para Jerusalém. Esse era um bom plano. Na verdade, alguém poderia até dizer que esse era o Plano de Todos os Tempos. Todavia, até mesmo esse bom e grandioso plano é postergado enquanto Jesus para a fim de prestar atenção a esse pedinte que berrava. O mesmo é verdade em relação aos nossos planos. Precisamos deles, caso contrário vagaríamos por aí sem objetivo; todavia, nosso maior objetivo não deve ser realizar nosso plano, qualquer que seja ele. Nosso maior objetivo é servir e seguir aquele que interrompeu seu plano a fim de prestar atenção a um cego pedinte que estava à beira do caminho. Para seguirmos o modelo de Jesus para a cura, temos de começar permitindo que a voz dos feridos — sejam eles feridos mentalmente e espiritualmente, como também fisicamente — nos faça parar em nosso caminho.

RESPOSTA AO CHAMADO

No capítulo 1, vimos que o chamado de Jesus para segui-lo implica deixar algumas coisas para trás. Aqui, mais uma vez, aquele a quem Jesus chama deixa algo para trás. *Lançando de si sua capa, levantou-se de um salto e dirigiu-se a Jesus.* É fácil imaginar o que essa capa representava para esse pedinte. O preço de uma capa, em uma época em que ainda não existiam tecidos sintéticos, era bastante alto, portanto a capa poderia muito bem ser o único bem daquele pedinte. É difícil imaginar como ele a conseguira. De qualquer forma, essa era a capa que o protegia da chuva e do sol. Essa era a capa que delimitava seu espaço quando, embrulhado nela, ele se sentava para pedir esmolas. Muito provavelmente, essa também era a capa que lhe fornecia abrigo à noite.

No entanto, agora, ao ouvir que Jesus o está chamando, o homem desvencilha-se de sua capa e dá um salto para ir até onde Jesus está. O homem cego, que, provavelmente, sentava-se em meio à multidão agitada a fim de evitar tropeços, agora pula e corre até Jesus. E ele deixa sua capa para trás — da mesma forma que Simão e André deixaram as redes.

Esse é um dos destaques dramáticos dessa história. O cego, que, em geral, ficava sentado pedindo esmolas, agora corre até Jesus. Parte do drama diz respeito à imagem do cego correndo, quase como se conseguisse enxergar. E, talvez, o que Marcos deseje salientar ao nos dar esse detalhe é que, de certa forma, o homem já consegue ver. Conforme um comentário sobre Marcos diz:

> É fato que Bartimeu, com sua atitude de confiança e movimento em direção à fé, contrasta nitidamente com os discípulos. Eles pedem posição de hierarquia e preferência no reino; ele pede apenas a misericórdia de Jesus. Ele é cego, mas vê; eles veem, mas são cegos.[3]

Bartimeu, por Jesus tê-lo chamado, vê um futuro totalmente novo. E ele corre para se encontrar com essa nova vida.

DAR VOZ AOS QUE FORAM SILENCIADOS

Quando Bartimeu começou a gritar, alguns dos que estavam na multidão tentaram silenciá-lo. Eles *o repreendiam para que se calasse* — embora, felizmente, em vão, pois quanto mais tentavam silenciá-lo, mais alto ele gritava. Talvez eles achassem que não era conveniente

---
[3] WEAVER, Walter P. Mark, em *Basic Bible Commentary*, vol. 18. Nashville, Abingdon, 1988, p. 102.

interromper essa marcha para Jerusalém com os berros de um pedinte impuro. A civilidade e o decoro tinham de ser mantidos a qualquer custo! Ou, talvez, eles se preocupassem que, no momento em que Jesus estava indo para Jerusalém, a última coisa que ele precisava era ter alguém berrando que ele era o "Filho de Davi" — um título messiânico que imediatamente despertaria as suspeitas tanto dos judeus quanto do líder romano. Jesus tinha de ser protegido desse homem que poderia muito bem acabar lhe causando problemas.

Essa não é uma situação incomum nos evangelhos. Um claro paralelo é o que acontece quando as pessoas começam a trazer as crianças a Jesus, e os discípulos repreendem aqueles que estão fazendo isso (Mt 19.13; Mc 10.13; Lc 18.15). Eles estavam tentando proteger seu mestre, que, conforme eles achavam, tinha coisas mais importantes para fazer. No entanto, Jesus repreende os repreendedores, dizendo-lhes que permitissem que as crianças fossem até ele, pois o reino do céu pertence a elas!

No caso de Bartimeu, a repreensão dos repreendedores não é tão explícita como no caso das crianças, mas, mesmo assim, essa atitude está lá. Os repreendedores dizem a Bartimeu que se cale. Jesus ordena que Bartimeu seja trazido a ele e, ao fazer-lhe uma pergunta, fica claro que ele não diz ao cego que deve se calar.

Isso faz parte do milagre da cura. Devolver a Bartimeu sua visão é um evento tão brilhante que ficamos cegos por sua luz e não vemos que o milagre se inicia antes mesmo da cura física. Jesus interrompe sua marcha por causa do pedinte cego e impuro. A cura inicia-se nesse momento. Ele faz uma pergunta ao cego. Ao fazer isso, devolve-lhe a dignidade. E esse é o próximo passo na cura profunda e real.

Esse momento na narrativa me traz à lembrança uma história que ouvi de um sacerdote na América Latina. Ele conta que dirigia um grupo de estudo sentado em círculo debaixo de uma árvore em um vilarejo muito pobre. As pessoas estavam discutindo alguma coisa, quando ele observou que havia um homem idoso que, sem sombra de dúvida, era pobre e analfabeto, sentado em silêncio do outro lado, como se não ousasse entrar no círculo. Ele virou-se para o homem e perguntou: "Qual sua opinião sobre isso?" O homem ficou quieto por um longo período de tempo e, depois, meu amigo observou que havia lágrimas escorrendo sobre sua face. Com medo de que, de alguma forma, tivesse dito alguma coisa inapropriada, o sacerdote pediu desculpas e perguntou: "Perdoe-me. Ofendi você?" "Claro que não!", disse o homem. "É só porque esta é a primeira vez que alguém pergunta a minha opinião." O homem estava chorando porque, pela primeira vez em sua longa vida, alguém pensara que ele realmente era alguém capaz de ter sua própria opinião.

Assim, a primeiríssima coisa que Jesus faz na cura do cego, depois de parar por causa desse homem, é perguntar-lhe o que ele deseja. Ele não lhe disse que tinha maravilhosas palavras de salvação para ele. Ele nem mesmo contou ao homem que estava prestes a lhe devolver a visão. Ele perguntou àquele Bartimeu, pobre, impuro e, aparentemente, indigno o que <u>ele</u> queria. E, com esse ato de lhe perguntar o que ele queria, Jesus lhe deu o que ele mais precisava: dignidade!

Jesus nem sempre deu às pessoas o que elas queriam. Na passagem logo antes dessa história, em que ficamos sabendo que Tiago e João vieram a Jesus buscando privilégios especiais, a mesma pergunta surge: *Que quereis que eu vos faça?* (Mc 10.36). Todavia, eles dizem a ele o que querem, e Jesus lhes responde que isso não pode lhes dar e, também, que o fato de eles fazerem esse pedido demonstra que não compreenderam realmente o significado dos seus ensinamentos.

Nesses dois casos, Jesus pergunta o que os outros querem. Em um caso, ele responde que não pode lhes dar o que pedem e, a seguir, pergunta-lhes se eles seriam capazes de beber de seu cálice e ser batizados em seu batismo. Eles respondem que sim, e Jesus lhes concede isso, embora eles dificilmente soubessem o que isso realmente significava — que eles sofrerão como ele irá sofrer. No segundo caso, ele não diz a Bartimeu que este está prestes a recobrar sua visão. Primeiro, ele pergunta o que Bartimeu quer. E, a seguir, concede o que esse homem deseja.

A cura verdadeira e profunda exige o ouvir. Muitas vezes, decidimos o que é que as pessoas necessitam e, depois, ficamos surpresos com o fato de elas não apreciarem nossa atitude. Provavelmente, o que estamos oferecendo é bastante valioso e útil. No entanto, há no próprio ato de doar sem ouvir uma forma de desumanização que é contrária à própria noção de cura. Estudamos uma comunidade, decidimos o que ela precisa e estabelecemos o programa para suprir essa necessidade, mas jamais nos preocupamos em perguntar à própria comunidade quais são suas necessidades. Sabemos melhor que elas mesmas o que precisam. E, por acharmos que sabemos mais do que elas, todas as nossas boas intenções produzem pouca cura. A cura, acima de tudo, é a restauração da dignidade — ao parar, ouvir e perguntar.

Como cristãos, essa também foi a nossa experiência de como Jesus nos curou. Ele perguntou-nos o que queríamos dele. Ele não se imporá em nossa vida. Algumas vezes, como aconteceu com Tiago e João, ele nos corrige e oferece alguma coisa que não havíamos pedido. Outras vezes, como no caso de Bartimeu, dá-nos exatamente o que pedimos. Ele, de forma paciente e insistente, pergunta-nos: "Que queres que te faça?" Ele pergunta porque nos ama. E isso quer dizer que nos leva a sério.

Qual, então, é o sentido do discipulado em uma sociedade como a nossa que necessita tanto de cura? Ele, claramente, quer dizer que precisamos parar e ouvir. Isso também quer dizer que temos de descobrir formas para que a voz dos que não têm voz possa ser ouvida. Ninguém estava dando ouvidos aos berros do pedinte. Ele fazia um escândalo, era um descalabro, e, como tal, disseram-lhe que ficasse quieto. No entanto, Jesus o ouviu, apesar de todo o alvoroço da multidão. E, ao ouvi-lo a distância, ele deu-lhe uma chance de falar quando se aproximou.

Há muitas pessoas no mundo que são obrigadas a permanecer praticamente, sem voz enquanto o mundo passa diante delas. Há os pobres e os famintos em muitos dos países mais pobres do mundo. Existem minorias étnicas — algumas delas de tribos nativas cujos ancestrais já estavam nessa terra dez mil anos atrás. Há crianças abandonadas que foram abusadas. Existem milhões de mulheres que foram abusadas física e mentalmente. Existem os pobres, os sem-teto, os idosos... Há, em suma, um vasto número de "Bartimeus" a quem o mundo escolhe ignorar enquanto segue com a sua vida.

Para sermos seguidores do Jesus, que parou e chamou Bartimeu, temos também de parar e falar com aqueles que ficaram sem voz de forma que, pelo menos, em nossa conversa a voz deles possa ser ouvida. Não podemos permitir que nossos planos e políticas para os pobres e os sem-teto prevaleçam sobre o que os pobres e os sem-teto mesmos nos dizem. Acima de tudo, temos de nos lembrar que também somos pedintes cegos a quem Jesus curou — e não discípulos importantes e bem-sucedidos dignos de nos sentar em um lugar especial em sua glória. Conforme o hino afirma: "Eu estava perdido, mas agora fui encontrado; estava cego, mas agora posso ver".

"VAI, A TUA FÉ TE SALVOU"
Jesus respondeu ao pedido do homem com uma ação concreta: ele o curou. Ele não estipulou condições. Nem mesmo perguntou ao cego se ele, caso fosse curado, seguiria Jesus. Ele simplesmente o curou. Além disso, até mesmo no ato de curá-lo, Jesus liberou Bartimeu de qualquer obrigação junto a seu benfeitor. Jesus não disse: "Curarei você para que possa me seguir". Muito pelo contrário, ele o curou e o deixou partir: *Vai, a tua fé te salvou.*

Não é de surpreender que a história termine dizendo que Bartimeu seguiu a Jesus. E ele o seguiu de livre e espontânea vontade. É possível que alguém conjecture que ele o seguiu porque alguém que concedesse tal bênção sem pedir nada em troca — nem mesmo gratidão — era certamente digno de ser seguido. Assim, Jesus, ao parar, ouvir e curar, sem querer nada em troca, ganhou um seguidor.

Embora parar e ouvir sejam essenciais, isso não é tudo que Jesus faz. Ele realmente cura o homem. De fato, o próprio ato de parar é, em si, uma promessa de que ele ouvirá o homem, e o ato de perguntar e ouvir é uma promessa implícita de que, se o que ele pedir puder ser feito, será feito. É por essa razão que, quando Bartimeu fica sabendo que Jesus parou, salta e deixa sua capa para trás. Essa é também a razão por que no caso desse homem, quando Jesus lhe pergunta o que pode fazer por ele, sua alma dá um salto e ele responde que seu mais profundo desejo é poder ver.

Parar e não ouvir, ou ouvir e, depois, não responder àquilo que foi dito, não era a forma de Jesus agir. O próprio ato de parar fez que se comprometesse a ouvir, e o ouvir, a responder.

À medida que estudamos esse ato de cura de Jesus e ponderamos o que isso pode significar para nós e nosso ministério tanto como discípulos quanto como igreja, vemos que há três possibilidades de ação que não estão abertas para nós.

A primeira ação é tentar responder às necessidades e às feridas das pessoas sem permitir que saibam que fazemos isso em nome de Jesus. Há cristãos que parecem pensar que é errado, quando servem ou ajudam alguém, dizer que fazem isso porque são seguidores de Jesus. Assim, insistem, por exemplo, que os serviços sociais que a igreja oferece em comunidades pobres têm de ser oferecidos sem qualquer tentativa de deixar claro que é nossa fé que nos impele a agir dessa maneira. Tal atitude tende a não considerar que, como cristãos, acreditamos que a cura plena inclui a fé em Jesus e a comunhão com ele e com a comunidade de seus seguidores. Sonegar essa possibilidade aos outros, por qualquer razão que seja, é sonegar a cura total.

A segunda ação que não devemos tomar é limitar-nos a escutar sem fazer tudo que estiver ao nosso alcance para alcançar a cura. Nos dias de hoje, fala-se muito sobre como é necessário prestar atenção àqueles à nossa volta, a ponto de ficarmos tentados a substituir o ouvir pelo responder. Todavia, quando fazemos isso, traímos a promessa implícita no próprio ato de parar e ouvir. Na realidade, essa pode ser uma das razões por que, algumas vezes, quando pedimos aos outros que falem de suas mais profundas feridas e esperanças, eles se recusam a responder — ou não respondem com total confiança. Isso, certamente, é uma das razões por que tantas pessoas em nossas comunidades pobres não confiam naqueles que vêm para "estudá-las". Elas já foram estudadas vez após vez, sempre com a promessa implícita de que alguma coisa resultaria disso e, por fim, sentem-se traídas.

Se for para sermos discípulos do Jesus que curou, temos de curar. Não podemos substituir palavras bonitas ou acenos com a cabeça demonstrando compreensão pela tentativa real de curar, de responder a essa ferida. Se for para a igreja ter o direito de se chamar a igreja de Jesus Cristo, ela deve praticar a cura. Ela tem de praticar a cura em meio a seus membros. E tem de praticar a cura em meio àqueles que se sentam às margens das estradas da vida, como tantos pedintes cegos que, em geral, são ignorados, exceto por uma moeda lançada a eles.

A terceira ação que não devemos praticar é limitar nossa cura aos que são passíveis de se tornar cristãos ou curar apenas com o propósito de fazer que as pessoas se tornem cristãs. Jesus, antes de curar Bartimeu, não lhe perguntou se ele o seguiria. E, depois de curá-lo, não lhe pediu que o seguisse. Os ministérios de cura da igreja não são opcionais. Os serviços sociais para a comunidade não são opcionais. Eles fazem parte de quem somos chamados a ser quando Cristo vive em nós.

5
COMISSIONAMENTO

E os onze discípulos partiram para a Galileia, para o monte que Jesus lhes designara. Quando o viram, adoraram-no; mas alguns duvidaram. E, aproximando-se Jesus, falou-lhes: Toda autoridade me foi concedida no céu e na terra. Portanto, ide, fazei discípulos de todas as nações, batizando-os em nome do Pai, do Filho e do Espírito Santo; ensinando-lhes a obedecer a todas as coisas que vos ordenei; e eu estou convosco todos os dias, até o final dos tempos. **Mateus 28.16-20**

A GRANDE COMISSÃO

Essa passagem termina com uma das partes da Bíblia citada com mais frequência, a "Grande Comissão", que, há muito tempo, é considerada a base para os empreendimentos missionários cristãos e evangelísticos: *Portanto, ide, fazei discípulos de todas as nações...*

Aqui, a palavra "portanto" fala-nos que a Grande Comissão não deve ser lida isoladamente. Há um fundamento para ela, algo anterior a ela em cujo fundamento Jesus diz: *Portanto, ide.*

Esse algo anterior é a afirmação que precede imediatamente a Grande Comissão: *Toda autoridade me foi concedida no céu e na terra.*

A expressão *no céu e na terra* é uma afirmação ousada de que nada deve ser excluído. O termo *toda* é absoluto. Desse modo, quando a Bíblia, bem no início, afirma que Deus criou *os céus e a terra*, percebemos que essa é uma outra maneira de dizer que tudo que existe é criação de Deus. Assim, da mesma forma, afirmamos no credo que Deus é o "criador do céu e da terra". Do mesmo modo como seria impossível encontrar algo no céu e na terra que não seja criação de Deus, também seria impossível encontrar algo ou algum lugar no céu e na terra sobre o qual não tenha sido concedido autoridade a Jesus. Essa é uma afirmação realmente ousada! Ele que, alguns dias antes, recusara-se a afirmar que era o rei dos judeus, afirma agora que tem autoridade não só sobre os judeus, mas também sobre todos os romanos, os gregos, os citas e os demais povos do mundo. Ele tem autoridade sobre os sumos sacerdotes de Jerusalém e o imperador de Roma. Ele tem autoridade sobre os cristãos e não cristãos. Ele tem autoridade sobre os mares e o vento, sobre as montanhas e clareiras nas florestas. Ele tem autoridade sobre os anjos no céu e sobre os demônios no inferno. *Toda* significa precisamente isto: *Tudo e todos*.

"MAS ALGUNS DUVIDARAM"

Todavia, essa afirmação ousada aparece entre duas outras que demonstram que sua autoridade, embora real, ainda não é aceita por todos. Mateus, logo antes de citar essas palavras de Jesus, conta-nos que os discípulos, quando viram Jesus, *adoraram-no; mas alguns duvidaram*. E Jesus, imediatamente após afirmar ter autoridade sobre todas as coisas, diz a seus seguidores que eles têm de ir e fazer discípulos — um claro reconhecimento de que essa autoridade universal não é reconhecida por muitos.

Bem ao lado dessa afirmação, ficamos sabendo que alguns dos discípulos duvidaram. Estes estavam entre os onze que seguiram Jesus durante a maior parte de seu ministério, ouviram seus ensinamentos e testemunharam seus milagres. Agora ele apareceu para eles, depois de o terem visto morrer, e ainda duvidaram! O texto não explica do que eles duvidaram. Provavelmente, da ressurreição de Jesus. Aparentemente, eles achavam que estavam vendo um fantasma. No entanto, do que quer que seja que tenham duvidado, o fato é que, enquanto alguns adoravam, outros duvidavam.

Isso deve servir como um lembrete de que as provas, por mais numerosas que sejam, não podem produzir fé. A fé não é o resultado de um cálculo matemático nem de um experimento físico. Um experimento físico pode provar que a água ferve quando aquecida. Ao repetir esse experimento algumas vezes, posso ficar totalmente convencido desse fato. Todavia, nenhum número de milagres será suficiente para produzir fé. Observe esses discípulos que, apesar de terem visto Jesus curar o cego e o aleijado e, até mesmo, ressuscitar os mortos, ainda assim duvidaram.

Conforme muitos teólogos medievais afirmaram, a fé é "um ato da vontade". Isso não quer dizer que a fé seja algo que podemos simplesmente decidir ter apenas por assim desejarmos. O que queriam dizer é que a fé não pode ser forçada — nem mesmo por provas supostamente indiscutíveis. Os evangelhos registram muitas circunstâncias em que, diante do mesmo milagre, alguns acreditam, e outros simplesmente se tornam oponentes ferrenhos de Jesus. Parte da razão para isso, conforme salientamos em um capítulo anterior em que citamos Dietrich Bonhoeffer, é que fé e obediência andam juntas. Duvidar, portanto, não é apenas uma questão de suspender o julgamento, mas também uma questão de suspender a obediência. Quando não estou pronto para obedecer, não estou pronto para crer, independentemente de quantas provas possam me dar ou de quão poderosas sejam elas. Por outro lado, quando estou pronto para obedecer, o acreditar não exige um argumento absoluto e inexpugnável. Conforme Søren Kierkegaard diria, a fé sempre envolve um salto. Não existe caminho fácil para cruzar o abismo entre a descrença e a fé através de uma ponte formada por provas e argumentos. A fé é a decisão de confiar nossa vida a Deus; e essa decisão não flui de forma natural e irresistível dos milagres e outras provas. Esses discípulos que viram Jesus realizar muitos milagres e maravilhas, ainda assim, duvidaram.

Não ficamos sabendo por que eles duvidavam, nem exatamente do que duvidavam. No entanto, podemos nos solidarizar com eles porque também estamos entre os que duvidam. Talvez, não o tempo todo, mas estamos entre os que duvidam, pelo menos parte do tempo, em relação a alguns assuntos. Decidimos seguir Jesus, mas, realmente, não confiamos tudo que é nosso a ele. Acreditamos que realmente podemos conquistar a vida e torná-la alegre e relevante se o seguirmos e, ainda assim, gostamos de nos assegurar contra as perdas. Podemos estar dispostos a deixar parte de nossas redes, mas não todas elas.

E, a fim de justificar nossas dúvidas, dizemos: "Se Deus apenas me mostrasse o caminho por intermédio de algum sinal claro e inconfundível, por meio de algum milagre inquestionável, eu faria isso e aquilo". Todavia, o fato é que, se estivermos decididos a desobedecer, mesmo se Deus fornecesse mil milagres, seríamos sempre capazes de interpretá-los de tal forma que pudéssemos evitar a obediência. E, se estivermos decididos a obedecer, não precisaremos de nenhum sinal a mais; bastam aqueles que Deus já nos deu. Se não acreditamos, não é porque não temos provas suficientes para isso. E se acreditamos, não é porque fomos forçados a isso por alguma prova indiscutível. Conforme Bonhoeffer escreve de forma tão incisiva, aquele que verdadeiramente crê obedece, e aquele que verdadeiramente obedece crê.

Todavia, embora alguns dos discípulos mais próximos ainda duvidarem, Jesus faz esta afirmação surpreendente e absoluta: *Toda a autoridade me foi concedida no céu e na terra*. Sua autoridade é tal que não é diminuída nem um pouquinho quando alguns daqueles que tiveram as provas mais abundantes dela ainda duvidarem.

E TODOS OS OUTROS NÃO OUVIRAM

Todavia, temos a outra afirmação que fica do outro lado dessa. *Portanto, ide, fazei discípulos de todas as nações...* Não são apenas alguns dentre os onze que duvidam. Ainda temos a vasta maioria da raça humana que não crê — que nem mesmo ouviu falar dele. E isso também não diminui sua autoridade! De acordo com suas palavras, ele tem toda a autoridade no céu e na terra, mas, ainda assim, é preciso fazer discípulos.

Essas afirmações que ficam antes e depois do momento em que Jesus afirma que tem autoridade sobre tudo mostram que essa autoridade, em última instância, não depende de ser aceita pelos outros. Obviamente, ele deseja que eles o conheçam e aceitem sua autoridade. Essa é a razão por que ele diz a seus seguidores para irem e fazer discípulos. No entanto, mesmo que não façam discípulos — e, certamente, enquanto eles não o façam —, ele ainda tem toda a autoridade no céu e na terra. Em outras palavras, o senhorio de Jesus não depende de nós aceitarmos esse fato ou não. Não tornamos Jesus o Senhor de nossa vida ao decidir segui-lo; ele já era o Senhor de nossa vida mesmo quando éramos desobedientes. Tampouco, tornamos Jesus o Senhor da vida de outras pessoas quando testemunhamos a elas e se convertem; ele já era o Senhor da vida delas. O que acontece nesses dois casos é que se toma conhecimento de seu senhorio, que já estava presente; e essa tomada de consciência de seu senhorio acontece para nossa salvação.

Talvez uma ilustração possa ajudar. O senhorio de Cristo é tão certo e irremovível quanto uma rocha no mar. A rocha está lá tanto para os que tomam conhecimento de sua existência quanto para aqueles que a ignoram. Não a pomos ali ao tomar conhecimento de sua existência. Todavia, nós a ignoramos por nossa própria conta e risco. O senhorio de Jesus, da mesma forma, está ali. Não tornamos seu senhorio maior ao lhe obedecer nem menor ao ignorá-lo. No entanto, procedemos de uma maneira para nossa salvação e, de outra forma, agimos por nossa própria conta e risco.

Portanto, o que se ordena aos discípulos não é, conforme muitas vezes pensamos, estender a autoridade de Jesus. O que nos é ordenado a fazer é chamar outras pessoas para que aceitem essa autoridade, a qual já existe.

OS QUE DUVIDAM TAMBÉM SÃO ENVIADOS!

Observe agora quem é que Jesus envia nessa tarefa. Seus discípulos — todos eles. Ele envia aqueles que o adoram e também os que duvidam. Na realidade, a Grande Comissão não faz distinção entre os dois grupos. Ele comissionou todos, independentemente de pertencerem ao grupo dos que criam ou dos que duvidavam.

Esse é um procedimento estranho. É possível que imaginássemos que Jesus diria àqueles que estavam prontos para adorá-lo que eles estavam prontos para ir e fazer discípulos e que, a seguir, diria aos outros que ainda precisavam fazer algo mais para fortalecer sua fé antes que estivessem prontos para receber sua comissão de ir e fazer discípulos. Como eles, sendo discípulos imperfeitos e cheios de dúvidas, poderiam ir e fazer discípulos de todas as nações? No entanto, Jesus faz exatamente o oposto. Ele lhes dá o mesmo comissionamento que dá aos que acreditam.

Há duas razões para esse estranho comportamento. A primeira é a consequência daquilo que acabamos de dizer. Se for verdade que apenas aquele que obedece é um verdadeiro cristão e que o maior obstáculo para crer é a desobediência, então Jesus, ao enviar aqueles discípulos que duvidaram, está prescrevendo a eles o remédio de que precisam. O início da prescrição é enviar, pois, quando Jesus lhes dá essa comissão, as palavras dele já lhes fornecem poder e produzem fé. Além disso, é enquanto eles obedecem a ele em missão, testemunhando aos outros, que chegam à fé mais plena. E, conforme qualquer professor bem sabe, as pessoas aprendem fazendo. E o que é verdade para nossas habilidades, em geral também é verdade para as questões de fé. A fé é alimentada e fortalecida pelo testemunho. O contrário, da mesma forma, também é verdade. Aqueles que esperam para começar a testemunhar até que tenham o que eles e os outros consideram "fé suficiente" verão que a pouca fé que têm murcha e, por fim, morre. Por outro lado, aqueles que saem para testemunhar, embora sua fé não seja aquilo que desejariam que fosse, verão sua fé desenvolver, florescer e amadurecer.

Sei disso por experiência. Cresci em uma igreja metodista, frequentava a escola dominical e os cultos todas as semanas. No final de minha adolescência, frequentava regularmente a igreja e, em algumas ocasiões, a *Methodist Youth Fellowship* [Associação Metodista de Jovens]. Embora jamais pensasse muito a respeito do assunto, era cristão. Sabia e aceitava as doutrinas básicas da igreja e, se alguém me perguntasse, teria dito que Cristo era realmente meu Salvador.

Certo dia, alguém me fez essa pergunta. A escola que eu frequentava era uma instituição pública muito grande, onde era impossível conhecer todos nossos colegas de classe. Parecia ainda maior para mim, uma vez que fora transferido recentemente para lá, e todos os meus colegas de turma já faziam parte dos pequenos grupos que se formam nessas situações. Nesse dia em especial, um de meus colegas a quem mal conhecia me perguntou se era verdade que eu era protestante. Essa era uma pergunta à qual me acostumei, uma vez que naquela época, em meu país, os protestantes representavam uma pequena minoria, e as pessoas em geral não os conheciam muito bem. Essa pergunta, com frequência, era feita por mera curiosidade ou, até mesmo, por causa do horror que isso causava aos meus colegas de classe, que, tradicionalmente, eram católicos; e eles, muitas vezes, faziam o sinal da cruz quando ficavam sabendo que o que tinham ouvido falar era verdade e que, de fato, eu era um protestante herético — essa época foi anterior ao Concílio Vaticano II, que promoveu muitas mudanças bem-vindas na Igreja Católica. Eu sempre havia respondido a essa pergunta com firmeza e clareza, dizendo que, realmente, era protestante e, depois, insistindo que muito do que se dizia a respeito dos protestantes não era verdade. No entanto, a pergunta, dessa vez, tinha um teor diferente. Dessa vez, meu colega de classe, que não pertencia a nenhuma igreja nem mesmo se considerava cristão, realmente queria saber sobre minha fé. Assim, contei-lhe o que, em essência, era um esboço do sermão evangelístico padrão que já ouvira repetidas vezes desde que me entendia por gente. Eu acreditava em tudo que lhe contei, mas eu acreditava nisso com a familiaridade de quem aceitava tudo como a coisa mais natural do mundo, com pouca ou nenhuma empolgação em relação à questão.

Daí, o inesperado aconteceu. Meu colega me perguntou se eu poderia levá-lo à minha igreja. E o levei. Ele perguntou sobre o estudo bíblico do qual ouvira falar durante o culto dominical. Começamos a frequentar esse estudo juntos. Pude ver a vida de meu colega ser transformada diante de meus olhos. Ele foi batizado, passou a ser membro da igreja e, por fim, foi para o seminário para se tornar um ministro ordenado. E, à medida que a vida desse colega se transformava, o mesmo acontecia com minha vida e minha fé. Até hoje, não sei o que é mais verdadeiro: se fui eu que o trouxe para a fé ou se foi ele que me trouxe para a fé. Foi o comunicar minha fé para outra pessoa que a fez crescer e florescer.

Desse modo, quando leio, no evangelho de Mateus, que Jesus disse a alguns discípulos que ainda duvidavam que eles tinham de ir e fazer mais discípulos, compreendo perfeitamente o texto. Exatamente esse comissionamento era o início para a cura da dúvida. Era comunicando a fé e as experiências com Jesus que aquelas experiências ganhavam nova relevância, e a fé era fortalecida. Os discípulos que ainda eram fracos na fé chegariam ao discipulado pleno ao compartilhar sua fé com outras pessoas.

Então, imagino que Jesus lhes disse para ir e fazer discípulos, embora ainda fossem discípulos falhos, porque eles o encontrariam novamente à medida que fossem a *todas as nações*. Se é verdade, como Jesus afirma, que toda autoridade lhe foi dada no céu e na terra, então não existe lugar na terra aonde seus discípulos possam ir e no qual a autoridade de Jesus esteja ausente. Pensamos, muitas vezes, que os discípulos, bem como outros pregadores e missionários, levaram Jesus a novas terras e lugares, mas, na realidade, Jesus já estava nesses locais muito antes de eles lá chegarem. *Toda a autoridade me foi concedida no céu e na terra. Portanto, ide, fazei discípulos de todas as nações...*

Vemos isso em ação em Atos dos Apóstolos 10 — a história que, em geral, chamamos de "a conversão de Cornélio". À medida que lemos a história cuidadosamente, percebemos que Cornélio, um centurião pagão, tem uma visão mais clara que a de Pedro. Na verdade, o texto diz que Cornélio "viu claramente", ao passo que Pedro viu uma "coisa" em sua visão, e ele não a compreendeu de forma alguma. Pedro, ao ir até Cornélio, acabou por descobrir a abrangência do evangelho, pois este também era direcionado aos gentios. Desse modo, ao ir para "fazer discípulos" de outra nação, Pedro descobriu mais sobre o que Jesus queria dizer ao ordenar a ele e aos outros para fazer isso. Muito antes de Pedro chegar a Cesareia e falar com Cornélio, Jesus já estivera lá e, por intermédio do Espírito, já falara com Cornélio. Portanto, Pedro, ao ir até o centurião pagão, tanto leva Jesus a Cesareia, como vai até lá para se encontrar com seu Senhor. Infelizmente, em grande parte da história da Igreja, entendemos nossa missão como simplesmente levar Jesus a algum lugar, e não também como ir até esse local para nos encontrarmos com ele onde já está e de onde nos chama.

CHAMADO E ENVIO

É também importante observar que há um relacionamento íntimo entre chamado e comissionamento. Quando Jesus chamou seus primeiros discípulos, conforme vimos no capítulo 1, ele lhes disse que se tornariam pescadores de homens. Em outras palavras, Jesus, no próprio ato de chamá-los para segui-lo, já os estava chamando para ir. Aquele a quem Jesus chama, ele o faz novo — ele lhe dá uma nova realidade, um novo nome, uma nova definição, conforme vimos no capítulo 1. E aquele a quem ele faz novo, comissiona para se juntar a ele em seu ministério. Desse modo, a Grande Comissão, em Mateus 28, não diz respeito apenas ao envio, mas também ao chamado que redefiniu até mesmo os que ainda duvidavam.

Essa é a razão por que em anos recentes tem havido uma ênfase renovada no batismo como uma forma de comissionar. O batismo marca tanto nosso chamado ao discipulado quanto nosso comissionamento para testemunhar. Essa era a compreensão da igreja primitiva, mas que foi perdida quando toda a ênfase no batismo passou a ser o perdão dos pecados. No seu sentido mais pleno, o batismo é, entre outras coisas, uma unção por intermédio da qual nos tornamos ministros com Cristo e somos comissionados por ele a fazer seu trabalho na terra. Nesse sentido, todos nós que somos cristãos também somos comissionados, enviados por Cristo para dar continuidade a seu ministério.

Ainda assim, temos de descobrir a natureza de nosso próprio comissionamento. É verdade, no batismo torno-me ministro de Cristo. No entanto, tal ministério pode assumir muitas formas, e tenho de descobrir para qual forma de ministério em particular Deus quer me enviar. É nesse ponto que o comissionamento pela igreja se torna importante. A palavra "comissão" implica que alguém está nos enviando. Uma pessoa não pode comissionar a si mesma. Todos nós temos de ser comissionados por outros.

Suponha, por exemplo, que eu acredite que possa ser chamado para ser ministro ordenado e, em especial, para pregar e pastorear uma igreja. Uma das formas — uma das formas mais importantes — em que posso confirmar esse chamado é pô-lo à prova pela comunidade de fé. Se minha igreja e seus comitês acreditam que, realmente, fui chamado para o ministério, esse é um indício positivo que reforça minha própria crença. Assim, na maioria das denominações, temos meios pelos quais um corpo maior — no caso da Igreja Metodista Unida, por exemplo, é a sua conferência anual — confirma esse chamado e me comissiona para cumpri-lo. Esse é um procedimento com o qual a maioria de nós está familiarizada.

Entretanto, o que muitas vezes não percebemos é o fato de que um processo de comissionamento parecido — embora menos formal — acontece em muitos outros ministérios. Se meu ministério, por exemplo, é visitar as pessoas da comunidade a fim de evangelizá-las, muito provavelmente esse ministério será reconhecido, talvez de forma muito informal, pelo comitê ou grupo que está planejando essas visitas. Esse reconhecimento é uma forma de comissionamento. O mesmo acontece quando alguém é enviado para participar de uma discussão financeira com todos os membros, visitar asilos ou fazer um *lobby* na prefeitura contra alguma lei que consideramos injusta. Em todos esses casos, somos comissionados pela comunidade de fé, que reconhece nossos dons e tenta equacionar a melhor forma para usarmos esses dons.

A TAREFA DO COMISSIONAMENTO
Um claro exemplo de como esse processo funciona aparece em Atos dos Apóstolos 13.1-3, ao qual já nos referimos. Ali, a comunidade — ou seus líderes em conjunto — descobre em meio à adoração que o Espírito deseja que Barnabé e Saulo sejam separados para uma tarefa em particular, e a comunidade de fé, em reconhecimento a esse comissionamento, 1) jejua e ora, 2) impõe as mãos sobre eles e 3) os envia. O comissionamento, em geral, inclui esses três passos.

O primeiro passo é a comunidade buscar a orientação de Deus. Os líderes em Antioquia estavam adorando e jejuando quando receberam a direção do Espírito. Todavia, ficamos sabendo que, antes de realmente comissionar Barnabé e Saulo, esses líderes jejuam e oram. O jejum é uma forma de suspender a atividade mais comum que é comer, e com ela todas as outras atividades comuns e desejos habituais. O jejum é um lembrete de que há outros valores além da autogratificação e do suprir nossas próprias necessidades. Em épocas recentes, jejuar por motivos religiosos tornou-se algo bastante incomum em muitas de nossas igrejas. De forma acentuada, também se tornou algo bastante incomum percebermos que, para buscar a vontade de Deus, precisamos deixar de lado nossos próprios interesses e desejos. Já é tempo para restaurarmos a noção de jejum, tanto no sentido literal quanto no sentido figurativo. No sentido figurativo, o jejum pode ser desligar a televisão na hora do jogo de futebol, ficar em casa em vez de ir passear no *shopping*, não assistir à nossa novela favorita ou cancelar uma viagem à praia a fim de nos lembrar que, acima de tudo, temos de buscar a vontade de Deus e, para isso, precisamos passar tempo em oração.

Precisamos jejuar e orar a fim de discernir a vontade de Deus antes de decidirmos comissionar alguém — ou assumir um comissionamento para nós mesmos. O segundo passo: eles impuseram as mãos sobre eles. Esse é um ato de bênção e reconhecimento. O comissionamento não diz respeito só ao descobrir a vontade de Deus para a vida de alguém. Ele também inclui dizer a essa pessoa e a qualquer outro interessado que a comunidade de fé, depois de buscar a vontade de Deus, decidiu que essa pessoa em particular está sendo chamada por Deus para um ministério em especial. Fazemos isso na ordenação dos ministros. Temos de aprender a fazer isso também no caso dos ministérios leigos. Um membro da igreja é chamado a visitar os doentes nos hospitais. Outro, a visitar aqueles que, por motivos de saúde, ficam trancados em suas casas. Um terceiro é chamado para trabalhar em um abrigo para os sem-teto. Ainda outro é chamado para ensinar as crianças. Esses ministérios não são individuais, uma vez que essas pessoas assumem a responsabilidade porque, pessoalmente, acham que foram chamadas para ele. Esses são ministérios da igreja, e esta tem a obrigação, depois de buscar a vontade de Deus em oração e jejum, de reconhecer essas várias pessoas e seus chamados de uma maneira oficial. Nossa tarefa, como uma comunidade de discípulos a quem Jesus comissionou, é comissionar outras pessoas, dando sinais externos e claros de que essas pessoas estão onde estão como resultado de um chamado de Deus — um chamado que é reconhecido tanto por elas quanto pela igreja. Naturalmente, em alguns casos, esse comissionamento será mais formal — como, por exemplo, na ordenação dos ministros —, ao passo que em outros casos será menos formal — como, por exemplo, quando a congregação ora por seu coral ou quando o boletim da igreja reconhece os dons e ministério de alguém em particular.

Por fim, essas pessoas são enviadas para seguir seu caminho. Elas vão com a bênção e o apoio da comunidade. Quando nos reunimos, reconhecemos o chamado de Deus para os vários membros/ministros da igreja. Mas, então, quando somos dispersados em nossas várias áreas de atuação — mesmo até os confins da terra, se necessário for —, ainda estamos unidos porque fomos enviados, porque temos o apoio e as orações contínuas da comunidade de fé.

Lembre-se de que, quando Jesus comissionou seus discípulos, ele prometeu que estaria com eles *até o final dos tempos* (Mt 28.20). Ele não os enviou sozinhos. Depois, em outra passagem (At 1.8), ele prometeu que o Espírito Santo estaria com eles *em Jerusalém como em toda a Judeia e Samaria, e até os confins da terra*. O comissionamento não diz respeito apenas a enviar; mas enviar com bênção, apoio e acompanhamento. E foi assim que fomos enviados. E é assim que temos de enviar os outros.

Observe que, nessa passagem de Mateus (sobre a Grande Comissão), Jesus diz aos discípulos que devem fazer discípulos, aqueles a quem Jesus ensinou têm de ensinar, aqueles a quem Jesus chamou à obediência têm de chamar outros à obediência. O comissionamento é uma cadeia contínua em que cada elo não preenche seu propósito até que se conecte com outros elos, tanto com os que vêm antes como com os que vêm depois dele. Os primeiros discípulos não são plenamente discípulos até que discipulem outros. Os primeiros aprendizes não aprendem realmente até que eles ensinem. Aqueles que foram ordenados a obedecer não obedecem realmente até que chamem outros à obediência. É essa cadeia contínua de ser comissionado e de comissionar que une as gerações de cristãos. Fazemos parte de uma cadeia ininterrupta que retrocede até a Grande Comissão original: *Portanto, ide...*; e prossegue *até o final dos tempos.*

Há outra passagem que é, particularmente, relevante quando consideramos o assunto do comissionamento. Esse é o texto de João 20.21,22. Os discípulos estavam se reunindo a portas fechadas porque estavam com medo, quando Jesus veio até eles e disse: *Paz seja convosco! Assim como o Pai me enviou, também eu vos envio.* O texto prossegue: *E havendo dito isso, soprou sobre eles e disse-lhes: Recebei o Espírito Santo.* O primeiro ponto a ser observado nessa passagem é que o Espírito Santo é dado aos discípulos para que cumpram sua missão. Jesus os envia e, nesse ponto, dá--lhes o Espírito Santo, presumidamente para que eles possam ser fiéis à sua missão.

No entanto, outro ponto que é, particularmente, importante para nosso assunto aqui é que os discípulos são enviados como Jesus também foi enviado. Jesus dá-lhes uma comissão que, de alguma maneira, é um reflexo de sua própria comissão. *Assim como o Pai me enviou, também eu vos envio.* Assim como ele mesmo foi enviado ao mundo para salvar o mundo, agora envia seus discípulos a partir de um quarto cujas portas estão fechadas — fechadas por causa do medo — ao mundo a fim de proclamar e tornar manifesta sua obra de salvação. Assim como na Grande Comissão, a base para sermos enviados é o próprio Jesus. Na Grande Comissão, é a autoridade que foi dada a ele no céu e na terra. Aqui em João, são seus próprios discípulos que estão sendo enviados.

Isso quer dizer que se for para sermos *conformes à imagem* de Jesus (Rm 8.29), ou se for para Cristo ser formado em nós (Gl 4.19), temos de ser enviados exatamente como ele foi enviado. Portanto, todas as coisas que estudamos até aqui — chamado, oração, alimento, cura — são coisas para as quais Jesus foi enviado, e também são coisas para as quais somos enviados.

Ter Cristo vivendo em nós é ser definido por uma missão similar à dele. Isso não quer dizer que temos de nos tornar pequenos messias nem que temos que salvar o mundo. Isso é o que ele é e o que ele faz, tanto por nós quanto pelo mundo. No entanto, temos de ir ao mundo, como ele foi, temos de nos doar pelo bem dos outros, proclamar as boas-novas, chamar outros à salvação, curar os doentes e alimentar os famintos.

O mesmo é verdade na questão mais específica do comissionamento. Assim como Jesus foi comissionado, somos comissionados — comissionados por ele por intermédio da igreja. Todos nós temos de ser comissionados a fazer algo. É uma questão de descobrir — e da comunidade nos ajudar a descobrir — qual é nosso comissionamento e torná-lo eficaz. No entanto, independentemente de qual seja nosso comissionamento, uma coisa é certa: fomos comissionados a fazer parte de uma comunidade de comissionamento. Se for verdade que o batismo é um ato de comissionamento e que todo cristão é um ministro, então é nossa obrigação ser uma comunidade que comissiona.

O que é uma comunidade que comissiona? É uma comunidade que está em oração e jejum, pedindo a Deus para ajudá-la a discernir o chamado e o ministério de cada um de seus membros. É uma comunidade que, tendo começado a discernir esses chamados e ministérios, afirma-os tanto por intermédio de atos formais de comissionamentos e envio como por meio da celebração desses vários dons de diversas maneiras. Por fim, é uma comunidade que apoia aqueles a quem ela comissionou para ministrar em seu nome e em nome de Jesus.

Essa não é a forma como, em geral, pensamos em muitas igrejas. Imaginamos, com frequência, que depende de cada um de nós discernirmos nosso próprio chamado. Ou imaginamos que o único comissionamento pelo qual somos responsáveis é o daqueles que devem se tornar ministros ordenados. Ou tememos enviar pessoas ao mundo por medo de perdê-las ou porque achamos que o único chamado cristão válido é o serviço na igreja.

Tudo isso é errado. É errado porque essa não é a forma como Jesus foi enviado, e não foi a forma como Jesus nos envia. Não foi a forma como Saulo e Barnabé foram comissionados. Não podemos nos esquecer que a igreja nasceu de uma comissão e vive por ser fiel a essa comissão e por comissionar outros.

Jesus disse: *Assim como o Pai me enviou, também eu vos envio*. Somos enviados para enviar, comissionados para comissionar, assim como Jesus foi enviado para enviar e comissionado para comissionar. Se for para nos conformarmos à imagem de Jesus, temos de seguir seu exemplo e sua ordem enviando outros para fazer sua obra. Porque foi isso que ele fez, e, porque foi isso que ele nos disse para fazer como seus discípulos, é o que temos de fazer. Isso é o que fazemos, acima de tudo, porque Cristo vive em nós.

6
ENSINO

Jesus entrou no templo e, quando ensinava, os principais sacerdotes e os líderes religiosos aproximaram-se dele e perguntaram: Com que autoridade fazes essas coisas? Quem te deu essa autoridade?

Jesus lhes respondeu: Eu também vos farei uma pergunta; se me responderdes, de igual modo vos direi com que autoridade faço essas coisas.

De onde era o batismo de João? Do céu ou dos homens? Eles, então, se puseram a discutir entre si: Se dissermos: É do céu, ele nos dirá: Então por que não crestes nele?

Mas, se dissermos: É dos homens, tememos o povo, porque todos consideram que João é um profeta.

Então eles responderam a Jesus: Não sabemos. E Jesus lhes disse: Nem eu vos digo com que autoridade faço essas coisas.
Mateus 21.23-27

UMA ARMADILHA EM QUE
O TIRO SAI PELA CULATRA

Essa é uma passagem fascinante, pois, aqui, Jesus vira a mesa de forma hábil sobre aqueles que desejavam preparar uma armadilha para ele. Em outras passagens dos evangelhos, temos relatos de como seus inimigos tentaram preparar uma armadilha para Jesus fazendo declarações que poderiam comprometê-lo ou comprometer a sua missão. Portanto, por exemplo, quando vêm e lhe perguntam se os bons judeus deveriam pagar impostos ao Império Romano (Mt 22.17-22; Mc 12.14-17; Lc 20.22-26), caso respondesse sim, seria visto como um bajulador pró-romano que não tinha simpatia pelo drama do povo de Israel que tinha de pagar impostos exorbitantes para um poder estrangeiro, e muitos acreditavam que pagar impostos a César era o mesmo que aceitar esse império como senhor, e não Deus. Se ele respondesse não, enfrentaria, de imediato, problemas com as autoridades romanas, que o classificariam de perturbador da ordem e agitador. Então, Jesus desviou-se da armadilha ao dizer que a moeda trazia a imagem de César e que, portanto, havia uma contradição entre guardá-la e, ao mesmo tempo, afirmar que faziam isso a fim de ser fiéis ao Deus de Israel. Portanto, os líderes religiosos do povo fazem uso da situação política a fim de tentar complicar Jesus com ela, mas ele escapa dessa armadilha ao mostrar a contradição da atitude dos super-religiosos, que argumentavam contra o pagamento de impostos a César, mas ficavam bem satisfeitos de guardar a moeda que trazia a imagem do imperador romano.

Aqui, entretanto, Jesus vira a mesa. Os principais sacerdotes e os líderes religiosos tinham o que, de início, parecia ser uma pergunta totalmente legítima: com que autoridade Jesus está ensinando? Como guardiões da fé de Israel, são realmente deles a responsabilidade e a prerrogativa de fazer essa pergunta. Caso contrário, charlatões de todos os tipos poderiam ensinar no templo, e o ensinamento deles poderia ser inteiramente contrário à fé de Israel. No entanto, ao conhecer a atitude desses líderes em relação a Jesus, também sabemos que essa pergunta escondia uma armadilha. Se ele dissesse que estava ensinando com a autoridade de Deus, eles o acusariam de blasfêmia. Se ele dissesse que ele estava ensinando com sua própria autoridade, eles teriam o direito de ordenar que ele se calasse e de expulsá-lo do templo. E, se ele insistisse que estava ensinando por sua própria autoridade, e que esta era igual à de Deus, então ele realmente estaria em apuros!

Jesus, entretanto, vira a mesa ao fazer-lhes uma pergunta que os põem em um dilema similar: com qual autoridade João batizava? Se eles dissessem que o batismo de João era de Deus, eles estariam condenando a si mesmos, porque se opuseram a João, e eles também enfrentariam problemas com as autoridades que haviam prendido João e que, por fim, o decapitaram. Se, por outro lado, dissessem que João não tinha comissão divina para batizar, eles se indisporiam com a multidão que tinha grande simpatia por João. Portanto, eles, por medo da mesma complicação política em que eles gostariam de pôr Jesus, foram forçados a declarar que não sabiam. No entanto, isso também representava uma admissão de que não tinham tanta autoridade quanto reivindicavam, pois eles tinham de guardar o ensinamento da fé e não conseguiam responder a uma pergunta tão direta quanto essa. Se não podiam dizer se a autoridade do batismo de João era de Deus ou não, então por que deveriam saber com que autoridade Jesus estava ensinando? Se não conseguiam responder a uma pergunta com relação a João, por que eles quereriam que Jesus respondesse a uma pergunta em relação a si mesmo?

UMA QUESTÃO DE AUTORIDADE

Ainda assim, a pergunta dos principais sacerdotes e dos líderes religiosos é legítima, pois é preciso ter autoridade para ensinar. Essa é a razão por que temos meios por intermédio dos quais damos diplomas e certificados aos professores de várias áreas e vários níveis. Queremos que aqueles que ensinam nossos filhos conheçam bem a matéria de sua especialização. Também queremos que eles saibam como ensinar e como dar um bom exemplo para nossos filhos. Em outras palavras, queremos que eles tenham autoridade em sua área de atuação. Essa é a razão por que os pais exigem que haja um processo de avaliação e de habilitação dos professores. Da mesma forma, se estamos pensando em fazer um curso noturno sobre investimento, queremos saber quem é o professor, que posição ele ocupa na companhia em que trabalha, onde aprendeu sobre investimento, quais foram os resultados reais de seus investimentos, etc. Ou se estivermos considerando comprar um livro de receitas sobre a culinária turca, examinamos a quarta capa do livro a fim de descobrir onde o autor aprendeu sobre o assunto, há quanto tempo mora na Turquia, onde praticou sua culinária, etc. Em suma, um professor tem de ter autoridade.

Quando falamos de Jesus como mestre, muitas vezes enfatizamos tanto seu método — como, por exemplo, o fato de que ensina por parábolas — que esquecemos sua principal e primeira qualificação: sua autoridade. No fim do Sermão do Monte, Mateus relata o seguinte: *Ao concluir Jesus esse discurso, as multidões estavam maravilhadas com seu ensino; pois ele as ensinava como quem tem autoridade, e não como os escribas* (Mt 7.28,29). E, bem no início desse sermão, Mateus nos dá uma informação mais sutil, mas, de certa forma, um indício mais poderoso da autoridade de Jesus. Quando ele afirma que Jesus *subiu ao monte* para ensinar, essa afirmação representa uma referência velada a Moisés, que também subiu ao monte e ali recebeu os mandamentos de Deus. Mateus, em todo o evangelho, apresenta Jesus como o novo Moisés e, no Sermão do Monte, o apresenta como aquele que falou com autoridade, no mínimo, igual à de Moisés. Isso fica extremamente claro na essência do Sermão do Monte, em que Jesus, reiterada vezes, refere-se à lei de Moisés e, a seguir, acrescenta: *Eu, porém, vos digo...*

A palavra "autoridade" é proveniente da mesma raiz que "autor". Isso faz sentido, pois ninguém sabe melhor como algo deve ser manuseado ou compreendido do que aquele que o fez; ou seja, ninguém é melhor *autoridade* em algo que seu próprio *autor*. Há uma história antiga sobre uma igreja em que alguém construiu um magnífico órgão. Por algum tempo, o homem que construíra o órgão permaneceu na comunidade e o tocava. Sua música ficou tão famosa que as pessoas vinham de longe para ouvi-la. Certo dia, o homem deixou aquela cidade, e outros continuaram a tradição de apresentar magníficos recitais de órgão. No entanto, pouco a pouco, o órgão foi deteriorando, a ponto de não emitir mais sons. Muitas pessoas vieram e tentaram consertá-lo, mas ninguém conseguia fazê-lo funcionar. Certo dia, quando todos já haviam perdido as esperanças de consertar esse magnífico órgão, um senhor idoso apareceu e pediu para dar uma olhada. Ele trabalhou no órgão por algum tempo e, de repente, ouviu-se o órgão tocando uma linda música. As pessoas da cidade apresaram-se para testemunhar aquele aparente milagre e ficaram todas mudas de perplexidade, até que alguém perguntou para o senhor idoso sentado ao órgão como ele fora capaz de consertá-lo, conserto esse que ninguém

fora capaz de fazer. "Simples", disse o idoso, "fui eu quem o construiu!" Por ele ser o "autor" do órgão, tinha "autoridade" incomparável sobre ele.
Pense sobre isso por um momento. Jesus ensina com autoridade, não porque alguém lhe deu certificação para isso, mas porque ele é o autor da vida sobre a qual ensina. Ninguém poderia saber como o órgão deveria funcionar tão bem quanto o homem que o fizera. Quando compramos um novo produto, lemos as instruções do fabricante porque ninguém sabe melhor como o produto deve ser usado que o fabricante. Jesus ensina com autoridade distinta da dos escribas da lei, porque estes, basicamente, repetem o que os outros lhes disseram, mas ele está lhes dando, por assim dizer, as instruções do fabricante para a vida. Se a primeira coisa que qualifica um professor é conhecer a sua matéria, Jesus é um mestre inigualável.

UMA ESTRANHA PEDAGOGIA

A maioria de nós, provavelmente, já ouviu alguém dizer que Jesus foi um grande mestre, e que isso pode ser visto em suas parábolas, pois estas são tentativas de ensinar assuntos difíceis com exemplos de nossa vida diária, de forma que as pessoas pudessem entender o que Jesus estava dizendo.

Isso soa como algo muito bom, mas não é verdade. Nos evangelhos, há reiteradas menções ao fato de que as parábolas de Jesus eram uma forma de esconder das pessoas em geral o sentido do que ele queria ensinar, e não para transmitir de forma mais clara a mensagem. No evangelho de Mateus, do qual nossa leitura principal para este capítulo foi extraída, fica muito claro que Jesus ensinou em parábolas às multidões e, algumas vezes, a seus inimigos, precisamente para que não entendessem plenamente o que ele estava dizendo. Examine, por exemplo, o texto de Mateus 13.2-13. Nele ficamos sabendo que, uma vez que a multidão era muito grande, Jesus sentou-se em um barco, enquanto seus ouvintes ficaram na praia, e ele *falou-lhes muitas coisas por meio de parábolas*. Depois, após terminar seu discurso para a multidão, seus discípulos perguntam por que ele fala através de parábolas. A resposta dele é a seguinte: *Porque a vós é dado conhecer os mistérios do reino do céu, mas não a eles.* [...] *Por isso eu lhes falo por meio de parábolas;*

porque, vendo, não veem; e, ouvindo, não ouvem nem entendem (Mt 13.11,13). Depois, Mateus comenta: *Jesus falou todas essas coisas às multidões por meio de parábolas, e nada lhes falava sem parábolas* (Mt 13.34), e ele declara que Jesus, ao fazer isso, estava cumprindo uma profecia.

As parábolas, entretanto, não levam à completa ofuscação. Ao contrário, elas têm uma dimensão penetrante que é muito compreensível por aqueles a quem criticam. Assim, em Mateus 21.45, lemos: *Ouvindo essas parábolas, os principais sacerdotes e os fariseus entenderam que Jesus estava falando deles.* O resultado não é que, como deveríamos esperar em uma parábola branda, eles são edificados, mas, sim, que querem prendê-lo — eles somente não fazem isso porque temem as multidões que acreditam que Jesus é um profeta.

A maioria das parábolas é muito mais que uma ilustração tirada da vida cotidiana. Elas são palavras de graça e julgamento que exigem que o leitor tome posição, não como observador, mas como participante. Considere, por exemplo, a parábola bastante conhecida do filho pródigo. Jesus não contou essa parábola em um ambiente evangelístico, e a mensagem não era simplesmente que, se somos os pródigos e saímos para uma terra estranha, Deus está esperando para receber-nos de braços abertos, como o pai da história. Jesus contou essa parábola em um ambiente em que muitos de seus ouvintes se consideravam seguidores fiéis de Deus. Na verdade, Lucas introduz essa parábola — e duas outras que são apresentadas junto com essa — em um contexto de hostilidade, em que os escribas e os fariseus estavam se queixando porque Jesus acolhia os pecadores e fazia sua refeição com eles (Lc 15.2). Nesse contexto, Jesus lhes conta — ou seja, aos escribas e fariseus — três parábolas: uma sobre o pastor que perdeu uma ovelha, outra sobre a mulher que perdeu uma moeda e, por fim, uma mais longa sobre o pai que perdeu um filho. Em todas as três parábolas, no entanto, a mensagem é que, de uma forma estranha, o estar perdido torna o objeto mais valioso, e não menos. O pastor larga as 99 ovelhas no campo. A mulher que perdeu uma moeda não se preocupa com as outras nove moedas e regozija--se mais ao achar a décima que por ter guardado as nove outras moedas. O pai tem dois filhos e dá um banquete para celebrar o retorno do filho pródigo enquanto o mais fiel reclama, pois o pai nunca dera uma festa, nem mesmo pequena, em sua honra. No ambiente em que essas parábolas são apresentadas, o sentido delas fica muito claro: os escribas e fariseus que se queixavam por Jesus acolher os pecadores e fazer as refeições com eles são como as 99 ovelhas abandonadas no campo, ou como o filho que se vangloria de sua fidelidade e se ressente da liberalidade de seu pai com seu irmão pródigo.

À medida que examinamos essas parábolas, percebemos que elas formam um tipo de ensinamento muito estranho. Elas são uma forma de ensino que requer que o ouvinte responda à história, não no sentido de fazer um exame ou de dar a resposta certa, mas no sentido de que aquele que ouve ou lê a parábola tem de se identificar com um dos personagens da história. Se eu fosse um escriba ouvindo a parábola do pai e dos dois filhos e me ressentisse da maneira como Jesus acolhia os pecadores, me colocaria na posição em que teria de tomar uma decisão: teria de insistir sobre meus direitos de filho fiel que jamais se desviara? Teria de mudar a história e tornar-me um filho fiel que, no entanto, acolhe o pródigo? Teria de reconhecer que, apesar de toda a minha suposta fidelidade, eu também me desviara e precisava ser recebido como o pródigo? Há uma série de respostas possíveis. O que não é possível é ler a história como uma simples lição de moralidade ou como um exemplo que as pessoas devem seguir. A parábola exige resposta; ela exige que os ouvintes se transformem em personagens da história.

Quando examinamos essas parábolas sob essa luz, percebemos que as parábolas de Jesus, longe de ser um apelo ao senso comum, são o resultado direto de sua autoridade — ou, conforme sugerido acima, de sua "autoria". Nas parábolas, como também em todos os seus ensinamentos, ele confronta os ouvintes como alguém que tem autoridade. Conforme dizemos em nossa linguagem coloquial, ele está "dizendo a real"; e, porque ele é quem é, sabe como a vida é. Ele ensina em parábolas não para ilustrar um ponto difícil ou para tornar seu ensino atraente, mas para forçar seus ouvintes a tomar uma decisão. E aqueles que não estão prontos nem dispostos a tomar uma decisão são os que *vendo, não veem; e, ouvindo, não ouvem nem entendem.*

A ABRANGÊNCIA DE SEU ENSINAMENTO

As próprias parábolas apontam também para outra direção que, em geral, passa despercebida. Observa-se com frequência que Jesus escolheu suas parábolas com base em situações da vida diária. O que raras vezes notamos é que pouquíssimas parábolas de Jesus lidam diretamente com assuntos concernentes à religião. Há, com certeza, a parábola sobre o fariseu e o publicano orando. No entanto, a maioria das parábolas versa sobre as ovelhas, as moedas, os reis, os escravos, os fazendeiros, as mulheres, as plantas etc. Isso não só é um sinal da engenhosidade de Jesus como mestre, mas também um sinal da maneira como compreendemos e proclamamos nossa fé. A fé, entre outras coisas, é a habilidade de pôr tudo sob a perspectiva da vontade de Deus. Portanto, não há nada que, por sua própria natureza, seja estranho à fé. Isso faz parte do que queremos dizer quando declaramos no Credo que Deus é o "criador do céu e da terra".

Jesus ensinou a vontade de Deus e chamou as pessoas à obediência a Deus, enquanto falava muito pouco sobre a religião em si. Algumas vezes, ele falou sobre coisas comuns do dia a dia que seus ouvintes conheciam por meio da própria experiência pessoal — as semente de mostarda, as ovelhas, o fermento na massa, o joio crescendo em meio ao trigo. Outras vezes, ele falava sobre o "estilo de vida dos ricos e famosos" e sobre a ganância que reina nas altas esferas — um homem a quem seu rei perdoou uma dívida astronômica de dez mil talentos, mas que não foi capaz de perdoar alguém que lhe devia a ínfima quantia de cem denários (Mt 18.23-35). Ainda em outras ocasiões, ele falou sobre a corrupção na administração — como, por exemplo, o caso do administrador que usou a riqueza de seu senhor para enriquecimento pessoal (Lc 16.1-8). Ou ele fala à imaginação das pessoas quando conta a história do tesouro escondido no meio do campo (Mt 13.44).

O que é relevante nessa lista é que não existe uma linha clara de demarcação entre o religioso e o secular. Talvez essa seja uma das razões por que os líderes religiosos de sua época não gostavam de Jesus: ele levava a religião para fora do templo e das sinagogas, trazendo-a para os campos e cozinhas. As pessoas religiosas querem falar sobre religião, sobre o sagrado, a fim de deixar o profano para os outros. No entanto, quando Jesus ensinava, essas distinções ficavam indistintas. O profano tornava-se sagrado. Que posição restava para os especialistas no sagrado? Portanto, retornamos mais uma vez à questão da autoridade e da autoria. Para o Verbo, por intermédio do qual todas as coisas foram feitas, todas as coisas são igualmente sagradas. Elas foram todas igualmente feitas pelo Verbo. Todas as coisas são igualmente capazes de ser postas sob o julgamento do Verbo. Todas as coisas são igualmente capazes de ser usadas para proclamar e comunicar o Verbo.

ENSINAR COMO ELE ENSINOU.
Ao dar-lhes a Grande Comissão, que estudamos no capítulo anterior, Jesus ordenou a seus discípulos fazer discípulos, *ensinando-lhes a obedecer a todas as coisas que vos ordenei*. Assim, a Grande Comissão é também uma comissão para ensinar e, de certa forma, é também uma comissão para ensinar como Jesus ensinou, pois temos de ensinar os outros a obedecer àquilo que também nos foi ordenado a obedecer.

A primeira coisa a ser observada aqui é que o ensinamento cristão é o ensinamento para a obediência. Certamente, todo ensinamento envolve informação, mas o ensinamento para o qual Jesus comissionou seus discípulos e nós não se limita à transmissão de informação. Podemos contar às pessoas tudo sobre Jesus e dar-lhes informações detalhadas, a ponto de não haver nada mais para elas aprenderem a esse respeito e, todavia, ainda assim não completarmos nossa tarefa como mestres cristãos. As informações, com certeza, fazem parte da equação, mas só isso não basta. Nosso ensinamento também tem de chamar as pessoas para a obediência, assim como fomos chamados para a obediência.

O que isso significa é que o ensinamento a que somos chamados a dar vai além da informação, chegando à formação. Esse é para ser um ensinamento que nos forma, tanto como indivíduos quanto como comunidade, de tal maneira que temos de obedecer às coisas que Jesus nos ordenou. Conforme Paulo apresenta esse ponto, nosso ensinamento tem de ser de tal natureza para que Cristo seja formado em nós (Gl 4.19). Um educador latino-americano, ao expressar uma

preocupação similar, explicou essa questão da seguinte maneira: "Qualquer pessoa pode instruir, mas, para educar, você tem de ser o evangelho vivo".
Essa é uma tarefa difícil. Quero dizer que temos, de forma bem literal, de ensinar como Jesus nos ensinou. Todavia, como podemos fazer isso, uma vez que ele ensinou com uma autoridade que jamais podemos alcançar? Obviamente, a única forma possível é ser capaz de afirmar, de alguma forma, a autoridade de Jesus. Bem, isso soa um tanto simplista, e existem pessoas que ficam muito contentes afirmando a autoridade de Jesus simplesmente fundamentadas no fato de que repetem as palavras dele. Elas dizem: "Isso era bom para Jesus; então, é bom para mim", e, fundamentadas nisso, recusam-se a dizer ou a ensinar qualquer coisa que não encontram de forma bastante literal nos evangelhos. Obviamente, isso bastaria se esse ensinamento dissesse respeito apenas à transmissão de informação. Nesse caso, bastaria papagaiar o Sermão do Monte e insistir para que as pessoas o memorizassem. No entanto, como o ensinamento é muito mais que informação, isso não é o que se quer dizer por afirmar a autoridade de Jesus.

Tampouco quer dizer que temos de ter autoridade moral e ética para falar em nome de Jesus. Muitas vezes, pensamos que, para poder afirmar a autoridade de Jesus, temos de ser eticamente irrepreensíveis como ele era. Em minha experiência, foi essa visão que mais minou minha prontidão para ensinar os outros a respeito das exigências de Jesus. A maior parte do tempo, sei muito bem o que tenho de ensinar. Meu problema é que tenho dúvidas se realmente tenho autoridade para ensinar. E isso tem pouco que ver com o que as pessoas possam pensar ou saber a meu respeito; isso tem muito mais que ver com o que eu mesmo sei sobre quanto fico muito a desejar no quesito obediência. Uso, da mesma forma, a mesma perspectiva como desculpa para minha relutância em obedecer. Quando alguém — um indivíduo ou a comunidade de fé — me indica o caminho para mais obediência, e não quero ouvi-lo, tudo que tenho de fazer é questionar a autoridade moral dessa pessoa ou da comunidade que está falando comigo. (O que é bastante interessante é que, em tais circunstâncias, me vejo fazendo a mesma pergunta que os principais sacerdotes e os líderes religiosos fizeram a Jesus:

Com que autoridade fazes essas coisas? Quem te deu essa autoridade? Portanto, quando vejo os principais sacerdotes e os líderes religiosos fazendo essa pergunta, não devo ser muito duro com eles, pois eu mesmo me vejo neles.)

É verdade que, a fim de afirmar a autoridade de Jesus, temos de nos submeter à sua autoridade. Até mesmo nas questões de mera informação, os professores só ensinam o que eles aprenderam. Em questões de formação, os professores cristãos só podem ensinar aquilo de que eles mesmos se apropriaram ao serem formados por Jesus. No entanto, isso não quer dizer que temos de alcançar a perfeição imaculada. Isso quer dizer, ao contrário, que temos de aceitar a autoridade de Jesus e seus mandamentos sobre nós e estar convencidos e que esses mandamentos são a melhor forma de levar a vida. Todavia, isso quer dizer, acima de tudo, que temos de ter Cristo vivendo em nós. Quando Cristo vive em nós, isso não elimina a possibilidade de que possamos continuar a ser pecadores rebeldes, mas abre a possibilidade de que nosso ensinamento possa ser conduzido pela autoridade dele — não porque somos bons, puros, sábios ou comprometidos, mas porque, de certa forma, pode ser Cristo que ensina por nosso intermédio.

Após dizer isso, é importante afirmar que ensinamos apenas pela autoridade de Cristo quando nós mesmos somos ensinados pelos outros da comunidade, os quais também compartilham da vida de Jesus. Não posso afirmar que tenho Cristo em mim e, portanto, todo o resto da comunidade cristã tem de obedecer a tudo que falo. Posso, apenas, afirmar que tenho Cristo vivendo em mim — sendo formado em mim — quando também ouço a igreja, que também me ensina por intermédio dessa mesma autoridade por meio da qual quero ensinar. Caso contrário, em vez de um professor cristão, arrisco a tornar-me um tirano e hipócrita.

O ensino inicia-se com o ser ensinado. Aqueles que jamais foram aprendizes não podem ser professores. No caso do ensinamento cristão, podemos apenas afirmar que ensinamos por sermos aprendizes. E isso é verdade não só para nós como indivíduos, mas também para a comunidade de fé como um todo. Os indivíduos que afirmam ensinar os outros têm de ser, por sua vez, ensinados por toda a comunidade de fé. E a própria comunidade tem também de ser ensinada pelas percepções dos indivíduos que pertencem a ela. A fim de ensinar, todos nós, tanto os indivíduos quanto a comunidade de fé, temos de ser constantemente ensinados por Cristo, que está sendo formado em nós — ou, para usar uma metáfora similar de Paulo, pelo Cristo que vive em nós.

7
TESTEMUNHO

E os que se haviam reunido perguntaram-lhe: Senhor, é este o tempo em que restaurarás o reino para Israel? Ele lhes respondeu: Não vos compete saber os tempos ou as épocas que o Pai reservou por sua autoridade. Mas recebereis poder quando o Espírito Santo descer sobre vós; e sereis minhas testemunhas, tanto em Jerusalém como em toda a Judeia e Samaria, e até os confins da terra. **Atos dos Apóstolos 1.6-8**

FALSAS EXPECTATIVAS

À medida que lemos essa passagem, fica claro que os discípulos tinham falsas expectativas em relação a Jesus. Jesus está prestes a deixá-los, e eles, em vez de perguntarem para onde ele está indo ou o que têm de fazer, simplesmente pressupõem que permanecerão com ele e se perguntam se já chegou a hora do reino de Davi ser restaurado. Portanto, a primeira falsa expectativa deles é que as coisas continuarão como estão ou que, simplesmente, continuarão a melhorar. Jesus está com eles, e eles esperam que ele não só fique com eles, mas também afirme o poder político sobre o antigo reino de Davi. Eles, assim, vão para a montanha em que Jesus deve lhes dar as últimas instruções, com a expectativa de que ele continuará com eles.

Portanto, por esperar que Jesus continue com eles, fazem a seguinte pergunta: *Senhor, é este o tempo em que restaurarás o reino para Israel?*

A resposta de Jesus demonstra que, em relação a esse aspecto, eles também têm falsas expectativas. Entretanto, não pelas razões que, com frequência, pensamos. Muitas vezes, quando lemos essa passagem, imaginamos que o que está errado na pergunta dos discípulos é que eles estão falando sobre a restauração do reino, sobre um reino, uma realidade política, quando Jesus, de fato, está falando sobre algo distinto. No entanto, quando examinamos todo o evangelho de Lucas — o primeiro volume da série de dois volumes Lucas/Atos —, vemos que Jesus, repetidas vezes, falou sobre o reino de Deus. E em Atos dos Apóstolos 1.3, ao resumir o que Jesus ensinou seus discípulos durante o tempo entre sua ressurreição e ascensão, Lucas diz que ele passou esse tempo *falando [lhes] das coisas referentes ao reino de Deus*.

Portanto, embora fique claro que, de muitas maneiras, Jesus tentou corrigir a perspectiva de seus discípulos em relação ao reino, é também verdade que o reino foi sempre um aspecto central em seu ensinamento. O reino de Deus sobre o qual Jesus ensinou tanto antes quanto depois dos eventos da Páscoa é político no sentido de que é uma nova ordem — uma ordem que é essencialmente incompatível com a organização política da sociedade como um todo, pois *os reis dominam sobre as nações, e os que exercem autoridade sobre elas são chamados benfeitores. Mas vós não sereis assim; ao contrário, o maior entre vós seja como o mais novo; e quem governa, como quem serve* (Lc 22.25,26). Assim, a principal diferença entre a mensagem de Jesus e a forma como os "os reis dominam sobre as nações" não é a mensagem espiritual, enquanto as preocupações dos reis são políticas. O que é diferente entre esse tipo de reino e o outro é que neste os poderosos governam sobre os outros e naquele os servos são mais importantes. Dizer que a mensagem de Jesus não é política é verdade só se, com isso, queremos dizer que não representa uma confirmação substancial de qualquer sistema político ou que não fala sobre derrubar algum regime político a fim de instalar outro. A mensagem de um reino em que os últimos serão os primeiros e os mais importantes são os que servem seria visto pelas autoridades do Império Romano como altamente política e, até mesmo, subversiva. A mensagem de Jesus, mais que não ser política, é uma vigorosa denúncia de qualquer ordem política em que "os reis" que exercem autoridade fazem isso sobre os demais.

A MENSAGEM DO REINO DE DEUS

O que Jesus realmente disse foi o seguinte: *Não vos compete saber os tempos ou as épocas que o Pai reservou por sua autoridade. Mas recebereis poder quando o Espírito Santo descer sobre vós...* Em outras palavras, o erro deles não foi esperar a restauração do reino. O erro está em tentar descobrir quando e como isso deve acontecer. A restauração do reino está nas mãos de Deus, e não cabe aos discípulos conhecer os desígnios escondidos de Deus.

Em vez de lhes dizer quando o reino deve ser restaurado, Jesus promete-lhes algo que eles não pediram. *Mas recebereis poder quando o Espírito Santo descer sobre vós; e sereis minhas testemunhas...* Aqui, novamente, à primeira vista, parece que Jesus está prestes a prometer-lhes precisamente o que querem quando perguntam sobre a restauração do reino. Eles receberão poder. Lembre-se que, antes, houve uma disputa entre os discípulos, porque dois deles queriam poder especial no reino de Deus — para que um se sentasse à direita de Jesus, e o outro, à esquerda. Agora Jesus lhes promete poder. Talvez eles não devam saber quando o reino deve ser restaurado, mas ainda podem ter seu lugar de honra e poder! No entanto, Jesus contraria, mais uma vez, as expectativas dos discípulos: esse poder não é para que governem outras pessoas nem mesmo para que eles possam ter todos seus desejos cumpridos. É o poder para serem testemunhas.

Jesus, desse modo, corrige as expectativas deles em outro ponto crucial. Eles estão perguntando sobre a restauração do reino "para Israel". Em outras palavras, eles têm uma perspectiva bastante provincial do que Deus está realizando por intermédio de Jesus e sua ressurreição. Jesus, todavia, diz-lhes que esses horizontes limitados são um equívoco. Eles têm de ser testemunhas *tanto em Jerusalém como em toda a Judeia e Samaria, e até os confins da terra.* Serem testemunhas de Jesus quer dizer proclamar o reino de Deus que ele inaugurou. Aqueles que fizeram as perguntas, desse modo, podem facilmente compreender que têm de ser testemunhas de Jesus em Jerusalém, que, afinal, era a capital do reino de Davi. Ir para *toda a*

Judeia também seria compreendido prontamente, uma vez que essa era uma área cuja capital tradicional era Jerusalém. Até mesmo a menção a Samaria fez sentido, pois essa região também fazia parte do reino de Davi e Salomão. Naquele momento, a região era habitada por pessoas que os judeus desprezavam por terem abandonado a verdadeira fé; ainda assim, fazia parte do antigo reino de Israel e, portanto, testemunhar Jesus em Samaria seria um sinal de que o antigo reino estava sendo restaurado à suas antigas fronteiras. Contudo, ainda temos o argumento contundente: Jesus não para aí. Ele diz-lhes que têm de ser suas testemunhas *até os confins da terra*. O reino não deve ser restaurado apenas para Israel. O reino de Deus, aquele que seria a tarefa deles de anunciar como testemunhas de Jesus e de sua obra, estendia-se muito além das fronteiras de Israel — até os confins da terra.

PERGUNTA ERRADA; RESPOSTA CERTA

Voltaremos a falar de testemunhar na próxima seção. Antes de fazermos isso, entretanto, é importante observar o que está acontecendo aqui e o que isso diz a respeito de grande parte de nossa religiosidade moderna — pois assim como os que questionaram Jesus tinham pressupostos equivocados, também há muitas pessoas hoje que têm pressupostos que essas palavras de Jesus contradizem.

Primeiro, há muitas pessoas, até mesmo hoje em dia, que insistem na pergunta que esses discípulos fizeram a Jesus. Este é o tempo? O fim está prestes a chegar? Quando Jesus retornará? Além disso, há pessoas que afirmam ser capazes de responder a essas perguntas porque o Espírito Santo, de alguma forma, revelou essas respostas para elas.

No entanto, à medida que lemos o texto, fica claro que buscar respostas para essas perguntas está longe de ser o que os verdadeiros discípulos de Jesus têm de fazer. Ao contrário, Jesus mesmo disse a seus primeiros discípulos que não competia a eles saber os tempos ou as épocas que estão unicamente nas mãos de Deus. Portanto, afirmar conhecer as respostas para essas perguntas é contradizer Jesus. Ademais, quando essas pessoas afirmam que as respostas lhes foram dadas pelo Espírito Santo, elas também compreendem de forma equivocada e apresentam de forma inapropriada o papel do Espírito, pois este não foi dado aos discípulos para que conheçam os tempos e as épocas, mas, para que possam ter o poder de serem testemunhas.

Segundo, há outra lição a ser extraída desse diálogo entre Jesus e seus discípulos. Eles estão interessados na restauração do reino de Israel; Jesus os envia *até os confins da terra*. Acreditam que a mensagem é apenas para eles e as pessoas como eles; Jesus os envia aos samaritanos e, depois, para ainda mais longe, a lugares distantes com costumes, línguas e religiões que eles desconheciam.

Estamos tão acostumados a ouvir falar que o evangelho é uma mensagem para todas as nações que não percebemos como isso deveria ter sido algo chocante para os primeiros discípulos. Todos eles eram judeus, criados nas tradições de Israel. Essa é a razão por que perguntaram sobre a restauração do reino para Israel. Para eles, era disso que se tratavam a mensagem e a obra de Jesus. Todos os outros — os gentios e, até mesmo, os samaritanos — eram impuros, e os bons judeus não tinham nada que ver com eles. No entanto, agora Jesus lhes diz que a mensagem é também para todas as pessoas, não só para Jerusalém e a Judeia, mas também para Samaria e, até mesmo, os confins da terra — o que quer dizer tão distante de Jerusalém quanto fosse possível.

O tempo passou, e os cristãos, com frequência, fazem comentários sobre a visão estreita daqueles primeiros discípulos que, aparentemente, não conseguiam ver um dedo adiante do nariz. Como era possível, perguntamos, que depois de três anos com Jesus, ouvindo seus ensinamentos, vendo seu exemplo, eles ainda estivessem tão confusos?

Para essa pergunta, provavelmente, a melhor resposta é outra pergunta: como pode ser que depois de tantos séculos de pregação cristã nós, os cristãos, continuemos a agir e pensar da forma como fazemos? Sabemos que o evangelho é para todas as pessoas igualmente e que Deus não demonstra nenhuma parcialidade (At 10.34; ou, como afirma a Tradução Brasileira afirma, "Deus não se deixa levar de respeitos humanos"). Todavia, ao longo de toda a história da Igreja e, até os dias de hoje, nós, na igreja, erguemos barreiras contra os outros que não são como nós. Tivemos e ainda temos igrejas segregadas por raça. Tivemos e ainda temos igrejas segregadas por classe social e renda. Tivemos e ainda temos igrejas segregadas por diferenças quanto à educação formal. Tivemos e ainda temos igrejas segregadas por etnia e países de origem. E — por sermos os animais tribais que somos — cada um de nós convence a si mesmo de que o grupo a que pertence é o melhor e, até mesmo, que de alguma forma é o favorito de Deus.

Contudo, essas palavras são dirigidas a nós: *e sereis minhas testemunhas* [...] *até os confins da terra*. Se for para sermos testemunhas verdadeiras e fiéis de Jesus, nós também somos enviados, como aqueles primeiros discípulos, para transcender e atravessar as fronteiras e barreiras que os seres humanos ergueram entre si porque todos — até mesmo aqueles que, de nossa perspectiva, estão nos *confins da terra* — foram chamados para se unir ao nosso Senhor e a nós no reino de Deus. Fingir que somos verdadeiras testemunhas cristãs e, depois, limitar nosso alcance a um grupo em particular ou tentar barrar nossa comunhão com outros grupos é equivalente àqueles primeiros discípulos responderem: "Bem, Senhor, veja bem, compreendemos que a Judeia seja incluída. Até mesmo Samaria é compreensível. Mas além disso não iremos. Não fica bem para os bons e fiéis crentes se misturarem com todo tipo de pessoas".

O Espírito foi prometido àqueles primeiros discípulos — e, depois, dado a eles —, de forma que pudessem ter o poder de ser testemunhas. O Espírito não foi dado a eles para que pudessem se alegrar com sua própria santidade. O Espírito não foi dado a eles para que pudessem se vangloriar de ter dons espirituais. O Espírito foi dado a eles para que pudessem ter poder — poder para testemunhar em Jerusalém, e em toda a Judeia e Samaria, e até os confins da terra.

O Espírito, da mesma forma, nos é dado hoje não para que possamos nos vangloriar de quanto nossa igreja é avivada e ativa, nem para que nos sintamos superiores aos outros e, desse modo, ficarmos livres para ignorá-los, mas para que possamos ser testemunhas em casa, em nossas igrejas, em nossa comunidade, nos piores setores de nossa comunidade e até os confins da terra.

O corolário é muito sinistro: se não tivermos o poder para ser essas testemunhas, então temos simplesmente de confessar que não recebemos o Espírito de Deus e precisamos orar para que sejamos perdoados e para que o Espírito possa, realmente, vir a nós. E isso é verdade não só para cada um de nós como indivíduos; é igualmente verdade em relação à comunidade de fé como um todo. A igreja que não tem o poder de testemunhar hoje até os confins da sociedade humana não tem o poder do Espírito. Não existe "se" ou "mas" em relação a isso!

ENSINO E TESTEMUNHO
No capítulo 6, vimos que Jesus enviou seus discípulos para ensinar. Agora estamos estudando um texto em que eles são enviados para serem testemunhas. Essas duas atividades são muito próximas. E, ainda assim, ensinar não é o mesmo que testemunhar. Os professores comunicam o que aprenderam por intermédio do estudo ou da experiência. Assim, por exemplo, alguém que foi para a escola e estudou matemática ensina, depois, matemática para outras pessoas; ou alguém que aprendeu a consertar carros pela prática pode, por sua vez, ensinar outras pessoas que não têm a mesma experiência. Uma testemunha, por sua vez, aponta para um evento que ela viu. Posso aprender com um professor que os ângulos em um triângulo somam 180 graus ou a forma de limpar um carburador. Posso saber com uma testemunha quem roubou os biscoitos do pote ou o que o presidente disse em seu último discurso. Em geral, os professores comunicam princípios estabelecidos — que os ângulos de um triângulo quando somados chegam a 180 graus ou que os carburadores precisam ser limpos —, ao passo que as testemunhas comunicam eventos — como, por exemplo, que foi Joey quem tirou os biscoitos do pote. Ensinar diz respeito aos fatos; testemunhar diz respeito às notícias — daí o título popular de um programa da televisão americano *Eyewitness News* [Notícias das testemunhas oculares].

Observe, portanto, que os fatos históricos ficam, de algum modo, entre os meros fatos e as notícias. Em algum momento, eles foram notícias: as pessoas as ouviram, e quem quer que seja que tenha falado sobre esses fatos históricos contou algo que outras pessoas ainda não sabiam. Imagine, por exemplo, o primeiro corredor a chegar em uma cidade no sul da Itália no ano 410 gritando para que todos ouvissem: "Roma caiu nas mãos dos godos! Roma caiu!" Isso era uma notícia! Hoje, entretanto, um professor fica na frente da classe e escreve no quadro: "Roma caiu ante os godos no ano de 410". Isso dificilmente pode ser considerado uma notícia. Agora, isso não passa de um fato histórico. De início, foi preciso que uma testemunha contasse a notícia; agora é um professor que a comunica a nós. Ainda assim, você, quando pensa sobre isso, percebe que até mesmo, esse professor que afirma um fato está realmente comunicando o que chegou até ele por intermédio de uma longa cadeia de testemunhas: desde o primeiro corredor que contou o evento, aos outros que o ouviram e aos outros que, por fim, o escreveram. Sem as testemunhas, seria difícil para esse professor afirmar até mesmo um simples fato como esse, de que Roma caiu ante os godos no ano 410.

Observe agora o caso de Jesus e o que ele disse a seus discípulos. Jesus ensinou certas coisas e deu certas ordens que são passíveis de ser ensinadas. Podemos e devemos, por exemplo, ensinar que as pessoas devem fazer às outras o que gostariam que fizessem a elas, que elas devem amar seus inimigos ou que devem ser como Deus, que, com imparcialidade amorosa, faz a chuva cair sobre os bons e os maus. Conforme vimos no capítulo anterior, Jesus ordenou seus discípulos — e ordena-nos — a ir e ensinar as nações a obedecer aos mandamentos que ele nos ensinou. Portanto, quando Cristo vive em nós, ensinamos como ele nos ensinou.

Todavia, no texto que, agora, estamos estudando, Jesus diz a seus discípulos que eles serão suas testemunhas. Isso porque Jesus é muito mais que uma série de ensinamentos e mandamentos; ele é uma pessoa, e uma pessoa cujos eventos de sua vida são de grande importância para nós e o resto do mundo. Jesus, como uma pessoa e um evento, precisa não só de professores, mas também de testemunhas. Somos ordenados não só a ensinar o que Jesus ensinou, mas também a testemunhar dele, do mistério de sua morte e do poder da sua ressurreição.

Assim como há dois passos no ensino — primeiro a pessoa aprende e, depois, transmite o que aprendeu —, também há dois passos no testemunho: a pessoa tem de ter visto e tem de falar. Pense, por exemplo, no julgamento de um assassinato. Alguém vem ao tribunal e diz: "Vi o mordomo fazer isso", mas, de fato, não viu nada, de modo que, ele não é verdadeiramente uma testemunha. Por outro lado, alguém que, de fato, viu o mordomo fazer isso, mas não aparece no tribunal, também não é verdadeiramente uma testemunha. É a combinação dos dois que faz uma testemunha. Da mesma forma, a fim de testemunhar Jesus, duas coisas têm de estar presentes em nós: primeiro, temos de ter "visto" — experimentado, vivido, sentido — e, segundo, temos de estar dispostos a falar. Se o primeiro aspecto não estiver presente, não somos nada além de testemunhas falsas. Se o segundo aspecto não estiver presente, somos como os curiosos covardes que escolhem ser observadores quando o julgamento das eras acontece e temos informação privilegiada em relação a esse evento.

O PODER DO ESPÍRITO

O que liga esses dois polos do ato de testemunhar é o poder do Espírito. É pelo poder do Espírito que somos capazes de ser testemunhas dos eventos que aconteceram quase dois mil anos atrás. O Espírito traz-nos esses eventos para os nossos dias e faz que Jesus seja nosso contemporâneo, de forma que podemos estar à cruz com ele e vê-lo ressuscitar para nós. Como isso pode acontecer, não sei — na verdade, ninguém sabe nem pode saber. No entanto, o fato é que vemos esse milagre do Espírito acontecer vez após vez, à medida que milhares e milhares de cristãos, em todas as gerações, vieram a chamar Jesus de seu Salvador e segui-lo como seu Senhor — ele é aquele a quem eles não viram, mas que fica mais próximo deles que a própria alma desses seguidores. De certa forma, isso é o que queremos dizer quando afirmamos que Cristo vive em nós: pelo poder do Espírito, o vemos claramente como se estivéssemos naquele monte no dia da ascensão.

Assim, é também pelo poder do Espírito que a segunda fase do testemunho acontece. Não é dito para os discípulos se aventurarem com a cara e a coragem e ir para Jerusalém, e para a Judeia, e para Samaria e até os confins da terra. Nem lhes é dito que essa tarefa era fácil e que não tinham de se preocupar com nada. É dito a eles que teriam o poder do Espírito e que seria por meio desse poder que eles fariam como lhes fora dito para fazer. O mandamento para ir, portanto, uniu-se à promessa de que o Espírito lhes seria dado. Foi pelo poder do Espírito que eles foram capazes de dar testemunho, conforme o restante do livro de Atos dos Apóstolos demonstra.

Você já notou que o livro de Atos dos Apóstolos não tem realmente um fim? Examine Atos dos Apóstolos 28 e perceba que, depois de acompanhar a vida de Paulo por algum tempo, ficamos imaginando o que realmente aconteceu com Paulo depois de ser preso em Roma. Pode haver várias explicações possíveis para esse fim abrupto do livro de Atos dos Apóstolos; entretanto, prefiro a seguinte explicação: o livro de Atos dos Apóstolos não acaba porque a história que ele relata ainda não acabou. A história de Atos dos Apóstolos não é sobre os apóstolos, mas sobre o Espírito de Deus e a forma como o Espírito moveu a igreja para que ela testemunhasse de Jesus em círculos cada vez mais abrangentes e em circunstâncias cada vez mais variadas. Se a história tivesse continuado até a morte de Paulo, poderíamos pensar que esse era o fim dela. Mas a história não acaba, precisamente, para que saibamos que ainda a estamos vivendo. Atos dos Apóstolos acaba — ou melhor, desiste de continuar o relato — no capítulo 28. Imagine Teófilo e seus contemporâneos lendo esse livro e percebendo que, porque o livro não termina, estavam vivendo no capítulo 29 ou 30. Imagine os mártires do século 2, vivendo em um período em que a palavra "testemunha" — mártir — passara a implicar sofrimento por causa do testemunho de Jesus, e percebendo que estavam vivendo o livro de Atos dos Apóstolos no capítulo 40 ou 50. E quanto a nós? Também estamos vivendo na época de Atos dos Apóstolos, na era em que o Espírito nos deu o poder para sermos testemunhas de Jesus, até mesmo os confins da terra. Depois de uma longa cadeia de testemunhas e mártires, o nosso testemunho pode representar o capítulo 578, mas, ainda assim, é outro capítulo nessa longa e gloriosa história que Jesus prometeu a seus discípulos quando disse a eles — e a nós: *Recebereis poder quando o Espírito Santo descer sobre vós; e sereis minhas testemunhas, tanto em Jerusalém como em toda a Judeia e Samaria, e até os confins da terra.*

Desde a época de Jesus, através de todas as gerações e ainda mais terras, há uma cadeia ininterrupta de testemunhas dando testemunho pelo poder do Espírito. Algumas vezes, o testemunhar exigiu confrontação com autoridades políticas chegando, às vezes, ao sofrimento e à morte. Outras vezes, foi preciso ter grande iniciativa e criatividade para se relacionar com culturas distintas. Outras vezes ainda, é preciso simplesmente falar com aqueles que estão próximos de nós e nossos colegas de trabalho. No entanto, em cada um desses casos é preciso também ter o poder do Espírito Santo. Quando você falar de Jesus e o que Jesus representa para você para um amigo, colega de trabalho ou uma pessoa estranha e seu testemunho é recebido, você não faz isso sozinho. Você está experimentando o poder do Espírito trabalhando em você e por seu intermédio.

TESTEMUNHO EXIGE DECLARAÇÃO

Por que acabei de dizer: "Quando você falar"? Não existem outras formas de testemunhar? Por exemplo, a igreja não pode testemunhar de Jesus Cristo ao alimentar os famintos, vestir os desnudos, visitar os doentes, etc.? Sim e não. Sim, pois todas essas coisas são necessárias para nosso testemunho. Não, pois só isso não basta. Vejamos cada um desses dois aspectos nessa ordem.

Primeiramente, todas essas coisas — alimentar, vestir e visitar — são elementos necessários de nosso testemunho. Sem eles, nosso testemunho não é confiável nem autêntico. Pense novamente sobre o testemunho em um tribunal. A testemunha declara que viu o mordomo praticar o crime. Ele estava a cerca de cem metros do local, esperando um ônibus, quando viu tudo acontecer. No entanto, no interrogatório descobre-se, primeiro, que a suposta testemunha age há algum tempo como mentiroso patológico. Segundo, ele não faz ideia de qual é o destino do ônibus que passa por aquele ponto de ônibus. Por fim, ele é míope e mal pode discernir objetos que estão a cerca de vinte metros e não usa óculos. Não interessa quanto essa testemunha insista e, até mesmo, jure que realmente viu o mordomo cometer o crime, não é uma testemunha confiável e, provavelmente, não é autêntica. O mesmo é verdade para a testemunha cristã. Se a igreja disser que conhece Jesus e que Jesus é o Senhor de tudo, mas, ao mesmo tempo, promove ódio, preconceito, divisão e ganância, seu testemunho, dificilmente, é confiável, e as pessoas, com toda a razão, questionarão sua autenticidade. Se um cristão em particular fala de Jesus para outras pessoas, mas trapaceia no trabalho, é um tirano em casa e não demonstra misericórdia para com o necessitado, então quão confiável pode ser o testemunho dessa pessoa? Assim, é certamente verdade que todas essas coisas — amar, alimentar, vestir, visitar — são necessárias para o testemunho cristão verdadeiro e confiável.

Por outro lado, entretanto, apenas essas coisas não são suficientes. Pense novamente em um tribunal em que o mordomo é acusado de assassinato. Se uma pessoa respeitável e amorosa aparecer como testemunha de defesa e recusar-se a falar, insistindo apenas em sorrir para o mordomo e, em geral, tratando-o como inocente, esse suposto "testemunho" dificilmente será considerado como tal. Alguns jurados particularmente perceptivos podem concluir que a "testemunha" que se recusa a testemunhar gosta do mordomo ou, até mesmo, acha que o mordomo não cometeu esse crime. No entanto, até mesmo esses jurados dificilmente serão justificados em aceitar um "testemunho" como esse, sem palavras, como prova para inocentar o acusado. Da mesma forma, se os cristãos passarem pela vida — como deveriam fazer — alimentando os famintos e vestindo os desnudos, mas nunca disserem uma palavra sequer sobre por que fazem essas coisas ou que tipo de fé as inspira, eles, provavelmente, serão considerados pessoas boas e amáveis, mas não serão testemunhas de Jesus Cristo. E quando a igreja alimenta as pessoas, constrói escolas e hospitais, cria centros comunitários etc., mas recusa-se a falar às pessoas que recebem esses serviços por que ela está fazendo tudo isso, essa igreja pode ganhar o respeito da comunidade — pode até evitar perder aqueles que não desejam ouvir nada sobre a fé — mas ela não é uma testemunha fiel de Jesus Cristo.

Em décadas recentes, isso tem sido muitas vezes esquecido. Parte da razão para isso é a reação contra a ideia, obviamente equivocada, de que a única razão por que precisamos ajudar o necessitado é trazê-los a Cristo. Em reação a esse grave erro e à imagem negativa do cristianismo que isso alimentou, muitas pessoas simplesmente decidiram que a igreja deve servir às pessoas sem jamais convidá-las a se tornar discípulos de Jesus. Isso também é um erro. Somos chamados para ser testemunhas, e não há nenhuma forma de sermos testemunhas sem, de alguma maneira, mencionar o nome de Jesus e convidar as pessoas a segui-lo.

Em um tribunal, o testemunho é um ato relativamente formal. A pessoa tem de ficar de pé, fazer um juramento e responder às perguntas feitas da forma mais precisa possível. Não podemos cometer o engano de achar que o testemunho cristão é menos importante. É verdade que a maioria de nós jamais se encontrará em um ambiente formal como o de um tribunal, em que teremos de falar sobre nossa fé. No entanto, é também verdade que testemunhar para Cristo é um ato deliberado e consciente. Embora algumas vezes isso "aconteça por acaso", não devemos ficar sentados esperando que aconteça. Certamente temos de tomar uma posição, mesmo se não formos testemunhar em um ambiente formal como o tribunal. Temos de tomar a posição de testemunhas de forma deliberada e consciente — e isso não significa que os cristãos também não devam testemunhar com todas as suas ações, incluindo as inconscientes. Há momentos e situações em que temos de falar; e recusar-nos a falar é rejeitar e contradizer o poder do Espírito que nos é prometido.

Se for verdade que Cristo veio ao mundo para salvar o mundo, e se é também verdade que ele vive em nós, então o Cristo que vive em nós fará exatamente o que fez enquanto caminhava pelas ruas da Galileia. Ele buscará curar o doente, não para convertê-lo, mas porque é o doente e deve ser curado. Ele vestirá o desnudo, não como uma forma para transformá-lo em discípulo, mas porque não deve passar frio. Ele falará com aqueles que não acreditam nele, não pedindo licença, como se não tivesse o direito de falar, mas com a garantia de que o que ele tem para falar são boas-novas — boas--novas para os pobres que devem ser alimentados e boas-novas para os perdidos que devem ser encontrados. Todas essas coisas e muitas outras mais, Cristo faz em nós quando ele vive em nós!

8
DOAÇÃO

Por isso o Pai me ama, porque dou a minha vida para retomá-la.
Ninguém a tira de mim, mas eu a dou espontaneamente.
João 10.17,18

Tende em vós o mesmo sentimento que houve também em Cristo Jesus, que, existindo em forma de Deus, não considerou o fato de ser igual a Deus algo a que devesse se apegar, mas, pelo contrário, esvaziou a si mesmo, assumindo a forma de servo e fazendo-se semelhante aos homens.
  Assim, na forma de homem, humilhou-se a si mesmo, sendo obediente até a morte, e morte de cruz. Por isso, Deus também o exaltou com soberania e lhe deu o nome que está acima de qualquer outro nome; para que ao nome de Jesus se dobre todo joelho dos que estão nos céus, na terra e debaixo da terra, e toda língua confesse que Jesus Cristo é o Senhor, para a glória de Deus Pai.
Filipenses 2.5-11

JESUS, O DOADOR E A DÁDIVA

Ao longo deste livro, estudamos várias coisas que Jesus fez, e as coisas que ele, da mesma forma, faz quando vive em nós. Já vimos o chamado, a cura, etc., realizados por Jesus. Entretanto, se tivermos que resumir tudo isso em uma só palavra, uma boa escolha seria "doação". Jesus, quando chamou outras pessoas, deu-lhes uma nova direção e sentido na vida. Quando ele curou as pessoas, deu-lhes saúde e dignidade. Ele deu a si mesmo quando orava, ensinava e alimentava as pessoas. Ele deu, e depois deu novamente e, de novo, deu mais. E, quando parecia que ele tinha dado tudo que qualquer pessoa pudesse esperar, ele deu sua vida por nós.

A sua autodefinição é em termos de doação. Pense, por exemplo, nas várias imagens por meio das quais ele se descreve no evangelho de João — os dizeres em que afirma: *Eu sou*. Ele é o *pão da vida* (Jo 6.35,48), que implica ser quebrado para que outros possam viver. Ele é *a luz do mundo* (Jo 8.12; 9.5), o que implica ser dispersado para que outros possam ver. Ele é *a porta das ovelhas* (Jo 10.7,9), ficando ali para que outros, por intermédio dele, possam vir a conhecer Deus. Ele é *o bom pastor* (Jo 10.11,14), que dá sua vida por suas ovelhas. Ele é *a ressurreição e a vida* (Jo 11.25), que dá vida a Lázaro e a qualquer pessoa que creia nele. Ele é *o caminho, a verdade e a vida* (Jo 14.6), para que, ao segui-lo, outros possam vir para a verdade e a vida. Ele é *a videira verdadeira* (Jo 15.1,5), que fornece nutrientes para os ramos, e sem isso os ramos não podem dar frutos.

Todavia, a fim de ver quanto ele é doador, temos de voltar ao início do evangelho de João, em que nos é relatado que *Todas as coisas foram feitas por intermédio dele, e, sem ele, nada do que foi feito existiria* (Jo 1.3). Você admira a beleza do pôr do sol, com seus raios vermelhos e dourados? Isso é uma dádiva dele. Gosta do cantar dos pássaros nas primeiras horas da manhã? Isso é uma dádiva dele. Gosta de sentir a vida correndo através de seu corpo? Isso também é uma dádiva dele. Você cultiva a vida da mente e da alma por intermédio da leitura e da oração? Até mesmo isso é uma dádiva dele. A estrela mais distante que brilha na noite e o átomo invisível em que os elétrons giram, tudo isso também vem dele. De novo, *Todas as coisas foram feitas por intermédio dele, e, sem ele, nada do que foi feito existiria* (Jo 1.3).

Todavia, esse não é o fato mais surpreendente sobre aquele que pode dizer *antes que Abraão existisse, Eu Sou* (Jo 8.58). O fato mais surpreendente é que, nele, o doador também se torna a Dádiva. Nas famosas palavras de João: *Deus amou tanto o mundo, que <u>deu</u> o seu Filho unigênito* (Jo 3.16). Jesus não só é o doador; ele também é a dádiva!

UM PRESENTE/DÁVIDA QUE PODE NÃO SER BEM-VINDO

De forma relevante, em nossa cultura, a época tradicional para dar presentes/dádivas é o Natal. Isso acontece tanto que a maioria de nós participa do frenesi de comprar e embrulhar presentes/dádivas sem, nem mesmo, pensar muito na razão por que estamos fazendo isso. Para muitas pessoas, isso se tornou quase uma obrigação. Fazemos uma lista de todas as pessoas a quem temos de dar algo e, depois, quebramos a cabeça para saber o que podemos dar para essas pessoas. "As compras de Natal" se tornaram mais uma tarefa, que alguns de nós fazemos no início do ano, e outros a adiam até o último minuto — mas, em qualquer um dos casos, continuam a ser uma tarefa.

Em toda essa atividade de comprar e embrulhar presentes/dádivas, o verdadeiro presente/dádiva que devemos celebrar no Natal é esquecido. O Papai Noel tornou-se mais importante que Jesus, porque ele é aquele que traz as coisas boas — e também porque a figura de Jesus na manjedoura, em meio a vacas e cavalos, não é um estímulo muito grande para os gastos desenfreados que a economia espera e exige de nós no Natal.

Talvez, entretanto, haja uma razão mais profunda por que obscurecemos a centralidade de Jesus no Natal. O próprio Jesus disse que *dar é mais bem-aventurado que receber* (Atos dos Apóstolos 20.35). Isso é verdade, e voltaremos a esse ponto posteriormente neste capítulo. No entanto, essa afirmação também poderia ser traduzida por *há mais alegria em dar que em receber*. Nesse caso em particular, é certamente mais agradável dar que receber. Isso é ainda mais verdadeiro quando permitimos que o sentido de dar seja deturpado, de forma que dar promove em nós um sentimento de poder, de habilidade, de controle; e receber, por outro lado, é visto como uma fraqueza, dependência, falta de controle.

Em nosso frenesi das compras e embrulhos natalinos, conseguimos esquecer o presente/dádiva do Natal. E, de certa forma, preferimos isso dessa maneira, porque é mais fácil dar presentes/dádivas que receber o presente/dádiva. Quando compramos e damos presentes/dádivas, a única coisa que é desafiada é nossa imaginação e nosso bolso. Quando recebemos o presente/dádiva, nosso próprio ser é desafiado em seu cerne. Assim, à medida que o Natal se aproxima, evitamos a ameaça do presente/dádiva nos escondendo nos ruídos dos sinos tocando e nos *Ho-ho-hos*.

Como esse presente/dádiva nos ameaça? Primeiro, pelo fato de que realmente precisamos dele. Gostamos de pensar que somos capazes de resolver tudo pelos nossos próprios esforços, que podemos administrar nossos próprios negócios e que, se tivermos algum problema, tudo que precisamos é de um pouco de esforço e engenhosidade para resolvê-lo. No entanto, o presente/dádiva de Jesus nos diz o contrário. Não somos tão capazes quanto gostamos de achar que somos. Ao administrar nossos próprios negócios, acabamos por estragá-los — quer como indivíduos quer como toda a raça humana. Até mesmo nossos esforços para resolver nossos próprios problemas, com frequência, levam-nos a problemas maiores. Em uma palavra, somos pecadores. Preferiríamos nos definir de outra forma — dizer, por exemplo, que sou advogado, carpinteiro ou estudante. No entanto, o presente/dádiva significa que uma parte relevante e inevitável de nossa realidade é este elemento que preferiríamos esquecer: somos pecadores, estamos perdidos, não estamos no controle nem mesmo de nossa vida. Isso é mais essencial para quem somos que ser advogado, carpinteiro ou estudante. Nesse sentido, as palavras de Jesus em Apocalipse, direcionadas aos cristãos de Laodiceia, aplicam-se muito bem a nós: *Porque tu dizes: Sou rico, tenho prosperado e nada me falta, mas não sabes que és infeliz, miserável, pobre, cego e nu* (Ap 3.17).

Então, o presente/dádiva também nos ameaça ao exigir que também nos tornemos doadores e presentes/dádivas. Receber, em geral, exige a reciprocidade do doar. Isso é verdade até mesmo na troca de presentes/dádivas que acontece na época de Natal, nos aniversários e outras celebrações. Uma das convenções sociais de nossa cultura é que os favores têm de ser retribuídos, e os presentes/dádivas têm de ser recíprocos. Muitas pessoas preferem não pedir um favor, porque, desse modo, seriam obrigadas a retribuir o favor em algum momento posterior. E, se alguém nos convida para jantar, sentimos que, em algum momento do futuro próximo, temos de retribuir o convite. Da mesma forma, algumas vezes, pomos alguém em nossa lista dos presentes/dádivas de Natal simplesmente porque essa pessoa nos deu algo no ano anterior. O resultado é que um presente/dádiva recebido é, de certa forma, uma obrigação adquirida; assim, quanto mais presentes/dádivas recebemos, mais nossa lista de Natal cresce.

Nesse caso, o que é verdade em nossas práticas comuns de dar é também verdade nas questões de fé. Paradoxalmente, receber essa dádiva/presente também significa pertencer a ele. Ele é nosso, e nós somos dele. Esses são os dois lados da mesma moeda, de forma que um não pode existir sem o outro. Para reivindicar a o presente/ dádiva, temos de dar a nós mesmos para ele. Não há outra forma de fazer isso. E é precisamente porque não há outra forma que [no Natal] somos tentados a obscurecer a oferta do presente/dádiva com todo tipo de decoração reluzente e atividade febril de dar presentes/ dádivas e embrulhar presentes/dádivas.

Essa é a razão por que, de certa forma, Jesus é um presente/dádiva que não é bem-vindo. Conforme o evangelho de João expressa esse fato: *Ele veio para o que era seu, mas os seus não o receberam. Mas a todos que o receberam, aos que creem no seu nome, deu-lhes a prerrogativa de se tornarem filhos de Deus* (Jo 1.11,12). Ele veio para oferecer a si mesmo; ele ofereceu a si mesmo — e insistimos em baratear esse presente/dádiva com celebrações brilhantes, o ritual de trocas de presentes/dádivas e banalidades religiosas.

O PRESENTE/DÁDIVA SUPERIOR A TODOS OS OUTROS PRESENTES/DÁDIVAS

Todavia, esse é o presente/dádiva superior a todos os outros presentes/dádivas. Ele é superior porque é o presente/dádiva da vida. Conforme Jesus disse a seus discípulos, ninguém, na verdade, estava tirando sua vida. Se ele desejasse fazer isso, poderia ter evitado a cruz. Ele, até mesmo, foi tentado a fazer isso. No entanto, permaneceu em seu caminho, com a face voltada para Jerusalém (Lc 9.53) e para a cruz.

É o presente/dádiva superior a todos os outros presentes/dádivas porque é o presente/dádiva da própria divindade da qual ele abriu mão a fim de se tornar um de nós. É o presente/dádiva superior a todos os outros presentes/dádivas porque *não considerou o fato de ser igual a Deus algo a que devesse se apegar, mas, pelo contrário, esvaziou a si mesmo, assumindo a forma de servo e fazendo-se semelhante aos homens. Assim, na forma de homem, humilhou a si mesmo, sendo obediente até a morte, e morte de cruz* (Fp 2.6-8). Ou como o hino tradicional afirma:

> O Senhor abandonou seu trono e sua coroa real
> Quando veio à terra para mim.

Por fim, esse presente/dádiva é superior a todos os outros presentes/dádivas porque é o presente/dádiva por meio do qual vivemos. É o presente/dádiva da própria vida, não só no sentido de que a vida dele foi dada em favor de nós, mas também no sentido de que seu presente/dádiva nos dá vida. Como o próprio Jesus afirma: *Eu vim para que tenham vida, e a tenham com plenitude* (Jo 10.10). Foi por ter nascido entre nós, por sua morte e ressurreição e pelo fato de sua presença habitar em nós — em outras palavras, por seu presente/dádiva — que vivemos. Graças a esse presente/dádiva, vivemos, não só no mero sentido de respirar, andar e nos alimentar, mas também no sentido mais profundo de saber a quem pertencemos e de confiar nele na vida e na morte. Como Paulo declarou, para nós *o viver é Cristo, e o morrer é lucro* (Fp 1.21). Ou, como o título deste livro sugere, isso acontece *quando Cristo vive em nós* — em outras palavras, quando recebemos o seu presente/dádiva que é superior a todos os outros presentes/dádivas — que realmente vivemos.

O PRESENTE/DÁVIDA DE DOAR

Nos capítulos anteriores, vimos que o chamado de Jesus nos leva a chamar outros, ou que o fato de ter nos curado chama-nos ao ministério da cura. O mesmo é verdade quando olhamos para Jesus como o doador. Seu presente/dádiva leva-nos a muitas coisas — alegria, paz, sentido, poder —, mas, talvez, a capacidade de doar seja o mais digno de nota entre todas essas coisas. Essa é a razão por que o hino que Paulo cita em Filipenses é precedido pela introdução: *Tende em vós o mesmo sentimento que houve também em Cristo Jesus* — em outras palavras, assim como Jesus não insistiu em manter suas prerrogativas e sua posição, mas se tornou humilde e se doou, também nós não devemos insistir em nossas prerrogativas e posição, mas precisamos nos tornar humildes e nos doar aos outros.

É fácil dizer isso, mas difícil praticar. Na realidade, há, aparentemente, duas atitudes opostas que tornam isso muito difícil. A primeira, e a mais prevalente nos círculos dominantes de nossa sociedade, é a atitude que afirma que tudo que somos e temos ganhamos de alguma forma e, portanto, é tudo nosso para usarmos da forma como nos agradar. Essa é a atitude típica do que nossa sociedade denomina de "pessoas que se fazem por si mesmas" — uma expressão contraditória em si, pois ser humano é, por definição, ser feito por outro e ser dependente de inúmeras outras pessoas. É a atitude daqueles que acham que o único propósito na vida é desfrutar de tantos prazeres e facilidades quanto possível. É a atitude advogada em um comercial que se tornou popular recentemente : "A vida é um esporte. Beba-a".

Por outro lado, há, aparentemente, uma atitude oposta daqueles que usam o doar como uma forma de ganho. É a tentação mais típica daqueles que, normalmente, não têm acesso direto ao poder na nossa sociedade — e, portanto, é particularmente prevalente entre as mulheres, os pobres e as minorias étnicas. Essa é a atitude da mãe que, constantemente, faz sacrifícios por seus filhos e que, de formas sutis, lembra-os de que eles devem tanto a ela que devem tratá-la com grande respeito e devoção. Essa é a atitude de todos que se humilham e se apressam para fazer tudo que seus senhores/chefes querem a fim de ganhar controle emocional sobre eles. Essa é a atitude de alguns pobres e algumas pessoas das minorias que decidem que, uma vez que a sociedade as impede de alcançar os altos escalões do sucesso, se tornarão humildes capachos e, pelo menos, serão bem-sucedidos nisso.

Essas duas atitudes são compreensíveis e, em alguns casos, até mesmo esperadas. No entanto, quando Cristo vive em nós, essas duas atitudes devem ser deixadas de lado.

A primeira atitude — a de "uma pessoa que se faz por si mesma" — é deixada de lado porque quando aceitamos o dom de Cristo a primeira coisa que chegamos a reconhecer é que a mensagem para a igreja de Laodiceia, no livro de Apocalipse, está realmente correta e, por mais que pareçamos ricos, poderosos e capazes, a verdade é que somos pobres, fracos e miseráveis. É impossível aceitar o presente/dádiva sem reconhecer nossa necessidade disso. Portanto, quando aceitamos o presente/dádiva, passamos a perceber que não só esse aspecto de nossa vida, mas muitos deles — dinheiro, carreira, saúde e a própria vida — são dados a nós pela mesma pessoa que nos concedeu o maior presente/dádiva de todos. Em consequência disso, no exato momento em que abrimos nosso coração para o presente/dádiva, abrimos nossas mãos para doar, porque Cristo vive em nós.

Da mesma forma, a segunda atitude — a da "autonegação sacrificial" de forma que os outros se tornem nossos devedores — também é deixada para trás. Passamos a reconhecer que existe uma diferença entre manipulação e amor, e que a manipulação de alguém é outra forma de desumanizar as pessoas. Mas, ainda mais, passamos a reconhecer que o Cristo que vive em nós merece o mais alto respeito. Humilhar-nos além da medida apenas para alcançar algum outro objetivo é desprezar o Cristo que vive em nós. Agir como se estivéssemos realmente doando livremente, como Cristo doou-se a nós, quando, na verdade, nosso doar tem motivações emocionais e psicológicas, é negar e insultar o Cristo que vive em nós.

O que tudo isso que dizer é que o tipo de doação que Jesus espera de nós não é algo que possamos fazer por nós mesmos e em nós mesmos, mas é, em si, um presente/dádiva. E é quando Cristo, que deu a si mesmo por nós, vive em nós que começamos a ser capazes de nos doar como ele se doou e como nos chama a nos doar.

EXERCITANDO O PRESENTE/DÁDIVA DA DOAÇÃO

Embora a doação seja um dom, é também algo que podemos cultivar. Lembre-se da parábola dos talentos. Os talentos que cada um dos servos recebeu não eram deles. Todavia, eles poderiam investir neles de forma a aumentá-los e, desse modo, serem capazes de devolver a seu senhor mais do que receberam. Da mesma forma, a doação real e abnegada é um presente/dádiva que Cristo nos dá — não é algo que possamos obter sozinhos. No entanto, é um presente/dádiva que se espera que usemos de determinada forma. Temos de investi-lo e usá-lo a fim de vê-lo crescer. Se não fizermos isso, acontece o que ocorreu com o servo que enterrou seu talento por medo de perdê-lo.

O resultado, bastante irônico, é que ele foi o único que realmente perdeu o que lhe fora confiado! Assim como recebemos todos os outros presentes/dádivas de Deus, também recebemos o presente/dádiva da doação. E, assim como o presente/dádiva do corpo precisa de exercício a fim de se desenvolver conforme apropriado, também o presente/dádiva da doação necessita de exercício a fim de se desenvolver. O presente/dádiva da doação, se não for empregado e exercitado, pode ser perdido, com o triste resultado de perdermos a alegria que deveria ser nossa por Cristo viver em nós.

Como podemos exercitar o presente/dádiva da doação? Muito simplesmente ao doar. Ou, conforme a tradição metodista, seguindo a famosa sugestão de John Wesley de que devemos 1) ganhar tudo que pudermos, 2) poupar tudo que pudermos e 3) doar tudo que pudermos. Infelizmente, a forma como essa afirmação tem sido interpretada, em certo sentido, é que devemos ganhar o máximo possível de dinheiro que pudermos, estocar o máximo que pudermos e, depois, doar tudo que sobrar. No entanto, não foi isso que John Wesley quis dizer. O que ele quis dizer foi que seus seguidores deveriam trabalhar arduamente e ser responsáveis, de forma que ganhassem tudo que estivesse ao alcance deles. Eles, então, deveriam evitar gastos desnecessários — "o poupar tudo que puder" não queria dizer "acumular tudo que puder"; antes, "usar o mínimo possível". Terceiro, o ponto final da tríade não se refere à doação das sobras, mas doar tudo o que você realmente não tem de gastar consigo mesmo. Mas, acima de tudo, Wesley não via essas três atitudes como atitudes paralelas que podem ser realizadas independentemente umas das outras — como a pessoa que constrói três torres de tijolos da mesma altura. Ele não se referia a três atividades que deveriam ser mantidas em equilíbrio umas com as outras, da mesma forma que devemos manter o equilíbrio, por exemplo, entre a atividade física e a mental. Ao contrário, ele concebeu essas três atividades como uma série de três passos que levam ao último, o objetivo da série toda. A pessoa deveria ganhar tudo que puder, não para ficar mais rica, mas a fim de ser capaz de doar mais. Ela deveria economizar tudo que puder, não para aumentar suas economias, mas para poder doar mais.

A doação, entretanto, envolve muito mais do que dinheiro. A doação mais eficaz — aquela que mais ajuda quem a recebe e quem a doa

— é a doação de si mesmo. Temos muito mais que dinheiro para doar. Só para mencionar alguns exemplos, temos tempo, palavras e gestos para doar.

Pense, primeiro, a respeito das palavras e dos gestos. Aqui você pode facilmente aplicar as três sugestões de John Wesley sem que tenha de se preocupar com quantas palavras ou gestos você tem ou como pode economizá-los. Uma palavra ou um gesto de apoio pode ser mais relevante para muitas pessoas em diversas situações que uma bolsa cheia de dinheiro. Todavia, aqui, novamente, você tem de certificar-se de que sua doação é sincera. Conforme todos nós sabemos, "as palavras são baratas". Além disso, em tempos recentes e na nossa cultura, as palavras sofreram uma tremenda erosão no que diz respeito ao seu valor, e elas, desse modo, são com bastante frequência substituídas pela realidade. Assim, quando as pessoas não desejam realmente ajudar alguém, dizem algo como "Estou realmente torcendo por você" e, depois, não fazem coisa alguma! Então, quando as palavras e os gestos são expressões genuínas de amor — quando fluem do Cristo que vive em nós —, são um presente/dádiva inestimável.

Agora pense sobre o tempo. Nesse caso, você só pode aplicar as duas últimas sugestões de John Wesley. Você pode poupar tempo. Você pode doar tempo. Todavia, não consegue produzir mais tempo. Isso é por que, apesar do que se diz por aí, tempo não é dinheiro. Tempo é vida. Assim, como você não pode produzir mais tempo, pois o dia tem 24 horas, e cada hora, 60 minutos, as possibilidades de estender sua vida são muito limitadas. Você pode ser capaz de estender sua vida por intermédio do exercício e da dieta saudável ou por intermédio da intervenção médica. No entanto, essas possibilidades são extremamente limitadas e, de qualquer modo, não podemos ter certeza de que produzirão os resultados desejados. Há sempre a possibilidade de que cada minuto seja o último de nossa vida. Essa é a razão por que é possível dizer de forma bastante precisa que tempo é vida e também que o tempo — precisamente porque é vida — é o presente/dádiva mais sublime que alguém pode doar.

Para desenvolver o presente/dádiva de doar, temos de exercitá-lo. E, para fazer isso, e continuar a fazer isso, não é fácil. Há tantas necessidades no mundo, a ponto de sempre sermos ameaçados pelo que tem sido chamado de "fadiga da compaixão" — o sentimento de que, uma vez que há várias e avassaladoras necessidades, e uma vez que não podemos realmente resolver todos os problemas nem aplacar todo sofrimento, é melhor simplesmente ignorar o sofrimento no mundo e continuar levando nossa vida. À medida que olhamos à nossa volta, vemos uma sociedade alquebrada e dolorida que necessita de apoio físico, emocional e espiritual. Sabemos que há um limite para aquilo que podemos fazer com nosso dinheiro. Obviamente, não podemos doar nosso dinheiro para todas as causas dignas. Tampouco, podemos estar presentes em todos os lugares em que há necessidade de amor e calor humano. Portanto, simplesmente nos cansamos de doar e nos voltamos para alguma outra coisa.

Isso é similar ao que acontece com muitos dos programas de boa forma física nos quais embarcamos. Eles representam trabalho árduo. Os primeiros dias são relativamente fáceis, pois o programa ainda é novidade. Depois, chega o momento em que começamos a imaginar se todo esse esforço vale a pena. Nossos músculos ficam doloridos, não vemos muita diferença em nossa forma física e temos muitas outras coisas para fazer. É nesse estágio que a maioria dos programas de boa forma física são abandonados. Todavia, se, nesse ponto, desistirmos, nosso ganho, qualquer que tenha sido ele até agora, será perdido. Da mesma forma, quando tomamos consciência de uma necessidade relevante e sentimos o chamado para supri-la, os primeiros estágios são relativamente fáceis. No entanto, por fim, a fadiga da compaixão se instala. Ficamos cansados de ouvir histórias tristes sobre pessoas que passam necessidades. Nesse ponto, somos tentados a direcionar nossas energias em outra direção — talvez para a nossa própria vida espiritual, a família ou a igreja. Claramente, todos esses outros direcionamentos são bons e devem ser cuidados. Todavia, se permitirmos que eles nos desviem do exercício do presente/dádiva da doação, as consequências serão parecidas com aquelas que sofremos quando abandonamos o programa para ficar em boa forma física: nossos ganhos serão perdidos e perceberemos que temos de começar tudo de novo.

Depois, quando se trata de exercícios, há sempre a tentação de "substituir o exercício". Sair para um campo e correr exige muito esforço. Se estiver quente e úmido, transpiramos e ficamos com sede.

Se estiver frio e seco, congelamos. Portanto, procuramos a televisão para assistir a um jogo em que os outros fazem o exercício por nós. Sentimos de verdade muito da empolgação do jogo, mas sem o suor e a dor. Podemos, facilmente, transformar-nos em passivos espectadores que não saem da frente da televisão e, ao mesmo tempo, afirmar especialidade em vários esportes que nunca praticamos. De forma parecida, também somos tentados a usar o dinheiro como um meio de "substituto da presença" — pagar para alguém tratar diretamente do sofrimento e das necessidades enquanto permanecemos física e emocionalmente ausentes. Ao preencher um cheque, nossa consciência fica em paz e, depois, podemos seguir em frente com os afazeres de nossa vida sem ter de lidar diretamente com a dor do mundo — assim como nosso sentimento de que devemos nos exercitar fica apaziguado enquanto assistimos a uma partida de futebol.

O presente/dádiva da doação tem de ser exercitado a fim de que se desenvolva. Assim como um bom programa para ficarmos em forma exercita todo o corpo, também o presente/dádiva da doação precisa ser exercitado simultaneamente com todas as coisas que recebemos para doar — dinheiro, recursos, palavras e tempo. Em alguns pontos, como em qualquer programa para ficarmos em boa forma será doloroso ou nada empolgante, podemos ser tentados a interromper o regime de exercício. Todavia, à medida que continuamos a exercitar, devemos ver o desenvolvimento, assim como vemos o desenvolvimento de nossos músculos no exercício físico. Nossa alegria com a doação, de forma gradual, mas incontestável, aumentará — e isso não só porque nos acostumamos com a doação, mas também porque Cristo que vive em nós encontra uma forma de se expressar por intermédio de nossas ações.

A RETRIBUIÇÃO DO PRESENTE/DÁDIVA

Conforme mencionado acima, esperamos que, em grande parte de nossa vida, os presentes/dádivas sejam retribuídos — embora jamais digamos isso diretamente. Muito daquilo que chamamos de doação é, na realidade, um investimento de outro tipo. Damos a mão a alguém em uma tarefa em particular esperando que essa pessoa, quando precisarmos de ajuda, retribuirá o presente/dádiva. Os pais fazem enormes sacrifícios por seus filhos esperando que os filhos cuidem deles quando ficarem idosos. As igrejas dão apoio a famílias de refugiados esperando que estes se tornem membros ativos da igreja. Não tem nada de errado com essa expectativa, desde que ela não se torne a motivação para nossa doação. Quando isso acontece, e a pessoa a quem ajudamos falha em retribuir o presente/dádiva, ficamos bravos com essa pessoa e com nós mesmos por termos permitido que fôssemos ludibriados. O resultado, portanto, é que paramos de ajudar e que a igreja que apoiou, de forma entusiasmada, a família de refugiados se recusa a ajudar outras famílias. Nossa doação, nesse caso, não é mais governada pelo amor de Cristo, mas pelas respostas, quer negativas quer positivas, daqueles que a recebem.

Nas duas passagens citadas no início deste capítulo, há um movimento final em que o presente/dádiva é tomado de volta. Na passagem de João, Jesus diz que ele entrega sua vida; no entanto, ele também diz que a tomará de volta. Na passagem de Filipenses, a humilhação e a morte de Jesus são seguidas por sua exaltação e, por fim, pela adoração de todas as criaturas. Assim, o presente/dádiva de Jesus, que nos entregou sua própria posição e vida, retornou a ele. Ele entregou sua vida e ressuscitou. Ele esvaziou-se de sua glória e, agora, é glorificado.

O próprio Jesus disse a seus discípulos que a doação da vida e das posses deles feita para ele não ficaria sem recompensa. *E todo o que tiver deixado casa, ou irmãos, ou irmãs, ou pai, ou mãe, ou filhos, ou campos, por minha causa, receberá cem vezes mais e herdará a vida eterna* (Mt 19.29). E ele também disse que *quem perder a sua vida por causa de mim a achará* (Mt 10.39).

É nesse ponto que a afirmação de Jesus se torna bastante relevante: *Dar é mais bem-aventurado que receber* (At 20.35). Na verdadeira doação cristã, a bem-aventurança — a alegria — vem primeiramente não pelo receber, mas pela doação. Quando doamos apenas pela alegria de receber uma recompensa, não doamos realmente, mas, sim, investimos. Investimentos podem ser muito auspiciosos ou desagradáveis, dependendo do retorno. Quando nossa doação é motivada pelo nosso desejo de receber, a resposta daqueles que recebem rege de forma decisiva nossa doação. Quando, por outro lado, nossa doação é verdadeiramente um presente/dádiva, então a alegria e a bem-aventurança estão na própria doação, e não na possível retribuição. Essa é a verdadeira doação cristã. Esse é o tipo de doação que acontece quando temos o mesmo sentimento que existiu em Jesus Cristo, *que, existindo em forma de Deus, não considerou o fato de ser igual a Deus algo a que devesse se apegar, mas, pelo contrário, esvaziou a si mesmo, assumindo a forma de servo e fazendo-se semelhante aos homens. Assim, na forma de homem, humilhou a si mesmo, sendo obediente até a morte, e morte de cruz* (Fp 2.6-8). Essa é a doação que acontece em nós quando recebemos verdadeiramente o presente/dádiva que é Jesus Cristo — ou, em outras palavras, quando Cristo vive em nós!

INCONCLUSÃO

É costume terminar um livro com uma "conclusão". Isso, no entanto, dá a impressão de que, ao chegarmos a esse ponto, encerramos essa questão. Por essa razão, chamei este capítulo de "Inconclusão", esperando, com isso, enfatizar o fato de que a vida de discipulado está sempre inconclusa. Conforme Søren Kierkegaard escreve,

> ... a fé quer dizer apenas isto: que o que busco não está aqui, e essa é precisamente a razão por que creio nisso. A fé significa precisamente a inquietude profunda, vigorosa e abençoada que estimula o cristão de forma que ele não encontre descanso neste mundo [...] aquele que encontrar descanso completo aqui também deixaria de ser um cristão, pois o cristão não pode se sentar imóvel, da mesma forma que alguém que se senta com sua bengala em sua mão; o cristão tem de seguir adiante.[1]

Você agora acabou de ler este livro, e eu acabei de escrevê-lo. No entanto, nossa peregrinação comum pode ter mal começado. O que escrevi, e o que você estudou, mal toca a superfície do que significa viver em Cristo e ter Cristo vivendo em nós.

O que temos à frente é uma contínua peregrinação em que cada curva da estrada traz cenários inesperados e novos desafios, em que cada montanha escalada revela picos ainda mais altos a serem escalados e em que cada vale visitado se abre para novos campos de serviço cristão.

---

[1] KIERKEGAARD, Søren. *The Gospel of Our Suffering and The Lilies of the Field*. Minneapolis, Augsburg, 1948, p. 5-6.

Meu caro leitor, assim, à medida que cada um de nós sozinho e todos juntos continuamos nesta peregrinação, despeço-me de você com a certeza de que, por viajarmos pelo mesmo Caminho, nos encontraremos de novo — se não ao longo da estrada, certamente no fim!